Guide pour la déclaration des prix de transfert au Gabon

2023-2024

Collection « Études africaines »

dirigée par Denis Pryen et son équipe

Forte de plus de mille titres publiés à ce jour, la collection « Études africaines » fait peau neuve. Elle présentera toujours les essais généraux qui ont fait son succès, mais se déclinera désormais également par séries thématiques : droit, économie, politique, sociologie, etc.

Dernières parutions

Sylvain SHOMBA KINYAMBA, *Critique de l'université congolaise par l'université. Reculade scientifique et marchandisation des patrimoines*, 2024.

Babou DIÈNE, Modou Fatah THIAM et Mamadou Hady BA (dir.), *La littérature africaine à l'épreuve des récits de filiation. L'autofiction et le récit transpersonnel*, 2024.

Mamane HALIDOU, *Un pouvoir traditionnel à l'épreuve de l'histoire au Niger (1849-2017). La Sarauta Samna Karhe de Tibiri dans le Dallol Mawri*, 2024.

Joseph Pascal MBAHA, Armand LEKA ESSOMBA, Paul TCHAWA (dir.) *Territoires, pluralisme identitaire et coexistence communautaire en Afrique. Dynamique de conflits et imaginaires de l'espace*, 2023.

Jean-Pierre NZEZA KABU ZEX-KONGO, *Le Congolais, pire ennemi du Congo. Comment l'ancien Congo belge est-il devenu si pauvre ?* 2023.

Nouhoum DABITAO, *Géopolitique des rébellions touareg au Mali. (1960-2015)*, 2023.

Moriba TOUNKARA, *Cartographie des risques dans les institutions de microfinance de l'espace UMOA, Une contribution du professionnel comptable*, 2023.

Balla CISSÉ, *Le durcissement du régime de transition au Mali*, 2023.

Issoufou Soulé MOUCHILI NJIMOM et Fidèle MVIADAMBA MINDJEME (dir.), *Etat et développement en Afrique*, 2023.

Alex-Judex Mba Ndong

Guide pour la déclaration des prix de transfert au Gabon

2023-2024

Préface de Jean Nestor Ibotsi

L'Harmattan

5-7, rue de l'École-Polytechnique, 75005 Paris

http://www.editions-harmattan.fr

ISBN : 978-2-336-42750-8
EAN : 9782336427508

Sommaire

Avant-propos

La problématique des prix de transfert est un sujet à la fois économique et fiscal qui préoccupe les instances mondiales et les organismes internationaux les plus importants (l'OCDE, la Banque mondiale, le Fonds monétaire international...). Les enjeux qui y sont associés en font un sujet central pour les administrations fiscales et les professionnels du chiffre. Le Gabon a progressivement mis en place ses règles fiscales et a élaboré une des réglementations parmi les plus avancées en Afrique.

En effet, en fixant les prix des transactions réalisées entre des entités appartenant à un même groupe, les groupes multinationaux font face à la tentative de conciliation d'intérêts qui ne sont pas systématiquement convergents, à savoir : optimiser le niveau d'imposition des filiales et du groupe par extension, et ne pas éroder les bases fiscales.
Il naît de cette problématique la recherche d'un « tarif » d'équilibre qui satisfait les critères économiques de rentabilité et ceux d'équité fiscale. Ainsi, évoluant, il y a encore quelques années en vase clos, les administrations tendent aujourd'hui, sous l'impulsion de l'OCDE (et du G20) à faire converger leurs référentiels et à consolider les aspects de transparence et de partage d'informations. Des dispositifs législatifs pointus et des sanctions fiscales particulièrement significatives ressortent de cette uniformisation progressive, devenant ainsi un sujet sérieux pour les sociétés ou groupes de sociétés opérant à l'international. Il peut être utile de noter sur ce point que, selon la CNUCED, en 2021, le commerce mondial des biens et des services a atteint un montant record de 28 500 milliards de dollars[1]. Les enjeux fiscaux et donc financiers sont donc, dans le contexte du contrôle des prix de transfert, particulièrement critiques.

C'est dans ce cadre, au vu du caractère actuel du sujet, et au regard des difficultés éprouvées par bon nombre d'entités à se

[1] Selon un rapport de la Conférence des Nations Unies sur le commerce et le développement (CNUCED), publié en février 2022.

mettre en conformité avec l'administration fiscale sur ce sujet, que nous avons envisagé de proposer ce guide.

Organisé en trois parties de chacune des 3 chapitres, ce guide permet pour l'essentiel de répondre à cinq questions récurrentes en matière de documentation des prix de transfert, notamment :
– Qu'est-ce qu'un prix de transfert ?
– En quoi est-ce important ?
– Quelles sont les règles légales ou les normes de références ?
– Comment répondre de façon satisfaisante aux exigences de l'administration fiscale au Gabon sur ce point ?
– Quels sont les points de vigilance à considérer dans le contexte d'un contrôle de l'administration fiscale en matière de prix de transfert ?

Ce guide est rédigé dans un style accessible et comprend des exemples concrets, afin de démystifier la matière, et de faciliter la compréhension et la prise en main d'une problématique mondiale qui peut rapidement présenter certaines complexités techniques.
Il se veut être une aide pour à la fois appréhender la discipline, la situer dans le corpus fiscal du Gabon, identifier les risques et les pièges dans le cadre de la préparation de la documentation des prix de transfert et surtout offrir une démarche étape par étape pour le respect des obligations déclaratives dans le contexte gabonais.

Index des principales abréviations

APP : Accord de fixation préalable de prix de transfert (ou « Rulings »)
ARC : Accord de répartition des coûts
ATAF : African Tax Administration Forum
BEPS : Érosion de la base d'imposition et transfert de bénéfices (ou « Base Erosion and Profit Shifting »)
BIRD : Banque internationale pour la reconstruction et le développement
CGI : Code général des impôts
CNUCED : Conférence des Nations unies sur le commerce et le développement
CUP : Méthode du prix comparable sur le marché libre (ou « Comparable Uncontrolled Price »)
DGI : Direction générale des impôts
ES : Établissement stable
G20 : Le G20 regroupe les principaux pays industrialisés et émergents du monde, dont les 7 pays membres du G7 (France, Allemagne, Italie, Royaume-Uni, États-Unis, Canada, Japon), les 5 du BRICS (Brésil, Russie, Inde, Chine et Afrique du Sud), ainsi que l'Australie, l'Argentine, le Mexique, l'Arabie saoudite, la Turquie, la Corée du Sud et l'Indonésie. La vingtième place est occupée par le pays assurant la présidence tournante de l'Union européenne. À ces pays s'ajoutent régulièrement 5 pays invités dont l'Espagne (pays invité permanent).
IAS : Ancienne appellation des normes comptables internationales (ou « International Accounting Standards »). Pour les normes publiées à partir d'avril 2001, c'est la dénomination IFRS qui s'applique.
INSEE : Institut national de la statistique et des études économiques
L.F : Loi des finances
LF : Fichier local (ou « Local file » ou « Country file »)
MF : Fichier principal (ou « Master file »)
MTMN : Méthode transactionnelle de la marge nette
OCDE : Organisation de coopération et de développement économiques
ONG : Organisation non gouvernementale
PPC : Principe de pleine concurrence
PT : Prix de transfert (ou anglais « TP » – Transfer pricing)
R&D : Recherche et développement

Préface

La mondialisation de l'économie, l'internationalisation des groupes et le développement de l'économie numérique ont favorisé et accéléré les échanges intragroupes. Ces échanges ont engendré des pratiques fiscales agressives des multinationales qui érodent la base d'imposition des pays et remettent en cause l'équité des régimes fiscaux.
La « manipulation » des prix de transfert constitue probablement l'outil de stratégie fiscale internationale le plus utilisé par ces multinationales, comme cela a été souligné par le Fonds monétaire international et le groupe de la Banque mondiale (Fiscal Forum, Réunions de printemps 2016).
Le problème de la localisation des bénéfices via la « manipulation » des prix de transfert est sans doute le plus pressant dans les économies en développement en vertu du fait que la fiscalité des entreprises fournit généralement la part la plus importante des recettes fiscales de ces dernières.
Selon l'OCDE, les pays africains sont les plus grands perdants de l'évitement fiscal en raison de leur grande dépendance à l'impôt sur les sociétés (OCDE, 2014, 8-9).
À l'instar des autres États, le Gabon a mis en place des règles pour encadrer les pratiques de « manipulation » des prix de transfert par les multinationales. Cependant, l'efficacité de celles-ci dépend de la capacité de l'administration fiscale à les faire appliquer de manière effective d'une part, mais aussi d'autre part, par la maîtrise de ces règles par les contribuables et leurs conseils.
Le présent ouvrage, qui traite des prix de transfert, vient à point nommé pour répondre à cette question qui, depuis une décennie, est au centre des préoccupations des multinationales, des administrations fiscales et des conseils. Par cet ouvrage, l'auteur vient combler un vide, notamment l'absence au plan national des manuels didactiques permettant aux étudiants, aux professionnels de la fiscalité, aux experts-comptables et aux inspecteurs des impôts d'appréhender au mieux la problématique des prix de transfert.
Aussi, le souci de la clarté se retrouve dans l'architecture de cet ouvrage qui aborde la problématique des prix de transfert à la fois

dans leurs aspects normatifs que légaux tout en tenant compte des réalités locales. En réalité, au fil de ses missions au sein du cabinet Delta Grant Thornton et des enseignements universitaires dispensés, Alex-Judex Mba Ndong, expert-comptable, a pu mesurer le besoin d'expliquer en français facile un sujet aussi complexe pour les néophytes qui souhaitent obtenir des réponses aux questions qu'ils se posent. L'obsession de la pédagogie de l'auteur explique la parution de cet ouvrage.
Aider à apprivoiser et même à faire aimer « ce monstre fiscal » que sont les prix de transfert nécessite en effet d'avoir beaucoup de talent. Alex-Judex Mba Ndong maîtrise bien sûr parfaitement son sujet. Il est doté d'un remarquable esprit de synthèse et cultive le goût de la formule, ce qui constitue incontestablement une qualité pour celui qui veut transmettre un message.
En traitant dans cet ouvrage tous les aspects des prix de transfert dans un ordre cohérent et pour tout dire initiatique, le lecteur dispose d'un guide. Celui-ci lui permettra de ne pas rater les chemins qui conduisent à la connaissance, puis à la maîtrise progressive du sujet.
Après avoir été guidé sur ce chemin débarrassé d'entraves par l'auteur, celui qui doit assurer la gestion fiscale d'un groupe pourra répondre avec sérénité aux questions des contrôleurs fiscaux.

Jean Nestor IBOTSI

Dédicace

Pour son courage, ce premier ouvrage est dédié à Ethan Martin Ngoua Mba Ndong.

Remerciements

J'adresse mes remerciements aux associés du Cabinet Delta Grant Thornton, en l'occurrence MM. Emmanuel et Adrien Degbey, et Mme Dina Gay pour leurs inestimables apports et implication pour la publication de cet ouvrage.
Toute ma gratitude également à M. Jean Nestor Ibotsi, qui a fortement contribué à affiner le contenu de ce guide et qui a, au surplus, accepté de le préfacer.
Merci enfin à tous les autres contributeurs pour leur soutien, avis, commentaires et accompagnement à la production de cet ouvrage que j'espère utile pour les professionnels comme pour les curieux.

Partie 1 – De la notion des prix de transfert et de son importance

Cette partie vise principalement à cerner le concept de prix de transfert au travers essentiellement des définitions qui en ont été fournies dans un premier temps, avant de tenter de présenter les aspects qui font de cette matière fiscale spécifique un sujet de premier ordre.

Chapitre 1 : Qu'est-ce que la documentation des prix de transfert ?

Dans ce chapitre, nous traitons tour à tour des aspects définitionnels des prix de transfert avant de commencer à évoquer le contenu d'une documentation des prix de transfert.

Section 1 : Présentation du concept de prix de transfert : quelques précisions sur les notions de « transfert » et de « prix »

1.1 Les prix de transfert et les lois du marché

Selon PAUL H. DEMBINSKI[2], il y a « transfert » et non « transaction » quand un bien, un service ou un droit est déplacé entre deux entités juridiques appartenant au même groupe ou propriétaire.

Cette approche postule que les parties concernées par l'opération n'étant pas indépendantes l'une de l'autre, il n'y a donc pas de réelle « confrontation » pour déterminer quel serait le meilleur niveau de rémunération pour chacun des acteurs. En effet, dans la pensée économique de base, le prix est d'abord la résultante d'un équilibre entre le niveau de l'offre et la demande[3] correspondante pour un « produit » donné. Dans ce contexte, c'est l'élasticité du prix par rapport à ces variables qui rend compte de l'état de confrontation et de l'exercice libre des forces du marché. Ainsi, les parties étant non liées, les intérêts sont donc a priori divergents, et l'obtention d'un optimum (le prix) paraît être l'élément qui établit la conclusion d'une « transaction ».

Or, dans un contexte où les parties en présence entretiennent entre elles un lien de dépendance (dont on peut toutefois questionner l'intensité) et surtout dans un environnement de groupe multinational, les intérêts de toutes les filiales coïncident obligatoirement à ceux indiqués ou souhaités par le groupe (le

---

[2] « Enjeux éthiques des prix de transfert », rapport moral sur l'argent dans le monde, 2005, p. 227.

[3] À quelques exceptions près : le cas des biens dits de Giffen.

« siège »). Dans ce contexte, il est difficile à une filiale isolée d'imposer ses prix, ses conditions de transactions, alors que son client ou son fournisseur est une partie liée et que les deux doivent s'inscrire dans une stratégie d'ensemble.

Il en résulte que le « prix » convenu pour les opérations intragroupes est réputé ne pas systématiquement obéir aux lois et règles du marché et peut donc contenir un « biais » dans sa détermination. Il peut donc y avoir une « prise de distance » avec la logique économique attendue : facturation selon le niveau réel de marge, jeu de la concurrence, transparence informationnelle, etc.
Certains groupes pouvant être particulièrement « agressifs » en la matière, notamment pour ce qui est de la délocalisation des profits, des remontées de trésorerie, de la recherche effrénée d'optimisation, en fonction du niveau de pression fiscale, ce sujet est devenu une problématique d'une grande sensibilité dans le cadre du commerce international.
Les risques associés à ces opérations étant significatifs et au regard de l'accroissement de la multinationalisation des économies, les « prix de transfert »[4] ont pris les traits d'un point d'attention mobilisant les principales organisations mondiales (le G20, l'UE), des institutions internationales (ONU, OCDE, BIRD), les administrations fiscales et les groupements de professionnels de la fiscalité, et ce, à l'échelle internationale.

1.2 L'optimum du prix de pleine concurrence

Au regard de ce qui précède et de la nécessité de disposer d'un concept étalon, les pays membres de l'OCDE, et plus généralement ceux s'inspirant de ses principes directeurs, ont adopté la notion de prix de pleine concurrence (PPP).

---

[4] Même si P. H. Dembinski y trouve un caractère oxymorique, notamment du fait de l'association de la notion de « prix » réputé libre et fixé par les forces du marché et celle de « transfert » plutôt formelle et contrainte par une stratégie de groupe.

Traduit du principe international *Arm's Length Principle*, le principe du prix de pleine concurrence (PPP) est au centre de tous les développements en matière de prix de transfert. Ce principe revient à considérer que le prix fixé dans une transaction entre deux entités non indépendantes doit être similaire à celui pratiqué pour une opération comparable entre deux entités non liées.

Le fondement de cette approche est rattachable à l'hypothèse que « lorsque des entreprises non liées effectuent des transactions entre elles, les forces du marché déterminent normalement les conditions des relations commerciales et financières (par exemple, le prix des biens transférés ou des services fournis). Cependant, lorsque les transactions ont lieu entre des entreprises liées, les forces du marché externes peuvent ne pas affecter directement les prix, soit en raison de synergies d'entreprise, d'économies d'échelle ou de planification fiscale »[5].

Il s'ensuit que les aspects suivants doivent être considérés lors de l'examen des transactions qui interviennent entre des entités liées, notamment dépendantes d'administrations fiscales distinctes :

1. Le prix fixé sur les échanges des biens, des services ou des droits ;
2. Les marges réalisées sur ces opérations ;
3. Les actifs utilisés et les risques assumés[6] par chacune des parties ;
4. Les termes et conditions convenus des transactions[7].

Cette approche consiste à considérer, voire rechercher des critères de comparabilité (de similitude, de convergence) entre les entités d'une part et entre les natures de transactions d'autre part. Le but étant de conclure que si les conditions de réalisation d'une opération sont similaires, la rémunération (le « prix »)

---

[5] Principe de pleine concurrence en matière de prix de transfert : par Arintass | Droit fiscal, Prix de transfert.

[6] Notamment dans le cadre de l'« Analyse fonctionnelle », que nous développons plus loin.

[7] Principe de Pleine Concurrence en matière de prix de transfert : par Arintass | Droit fiscal, Prix de transfert.

correspondant doit être proche, que l'opération soit réalisée entre sociétés liées ou non. Cette analyse, dite de « comparabilité » est une autre clé de la compréhension des prix de transfert que nous abordons plus loin.

C'est donc tout l'enjeu de la documentation des prix de transfert que les contribuables doivent soumettre à l'administration fiscale : démontrer que les opérations réalisées obéissent au principe de pleine concurrence.

Sur ces bases et à titre tout à fait illustratif, il est possible de schématiser la problématique de recherche d'un prix de pleine concurrence, en tant qu'optimum, tel qu'il suit pour une transaction donnée :

Illustration n° 1 : Quelques facteurs d'influence du prix dit de pleine concurrence

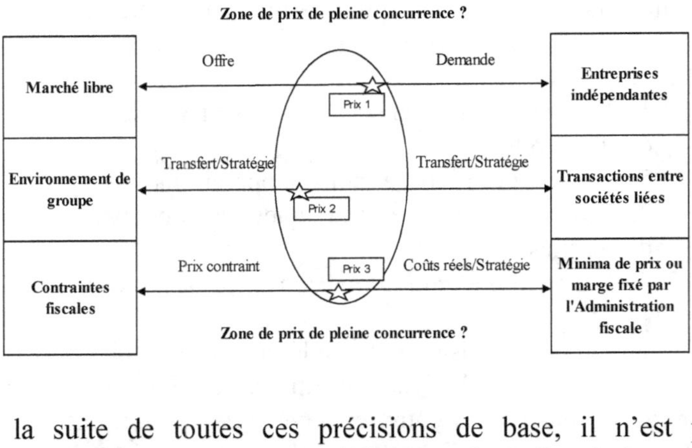

À la suite de toutes ces précisions de base, il n'est pas inintéressant de présenter les définitions formelles de la notion de prix de transfert et d'en identifier les caractéristiques essentielles.

Section 2 : Principales définitions et caractéristiques des prix de transfert

2.1. Définitions du concept de prix de transfert

Plusieurs définitions des prix de transfert coexistent, sans pour autant diverger sur les aspects fondamentaux qui caractérisent le concept. D'une manière générale, les définitions se rapprochent de celle fournie par l'OCDE qui est l'organisme de référence en matière d'élaboration de la réglementation portant sur les prix de transfert.

Dans ce contexte et selon l'OCDE, les prix de transfert sont les « prix auxquels une entreprise transfère des biens corporels, des actifs incorporels, ou rend des services à des entreprises associées ».

Selon le Manuel pratique des Nations Unies, paragraphe 1.1.6., le prix de transfert est « un terme général pour l'établissement de prix des transactions transfrontalières, intrafirmes entre les parties liées. Le prix de transfert désigne l'établissement de prix pour les transactions entre entreprises associées, qui impliquent un transfert de biens ou de services ».
En outre, et sans s'émanciper des précédentes propositions de définitions, pour la Direction générale des finances publiques (France), le prix de transfert correspond à « tout flux intragroupe et transfrontalier (achat et vente de biens, de services, redevances, intérêts, garantie, honoraires, cession ou concession de biens incorporels tels que les marques, brevets, savoir-faire), refacturation de coûts... »[8].
En définitive, et s'il fallait tenter de synthétiser, les prix de transfert peuvent donc être simplement définis comme les prix retenus par des sociétés interdépendantes mais relevant d'administrations fiscales différentes dans le cadre de leurs transactions.

---

[8] Lexique relatif aux prix de transfert sur le site de la Direction générale des finances publiques (France).

Ces différentes approches définitionnelles mettent cependant en lumière certaines particularités qu'il est utile d'examiner afin de cerner encore mieux les prix de transfert.

2.2. Caractéristiques clés des prix de transfert

Au regard de ce qui précède, certaines conditions nécessitent donc d'être réunies pour considérer certaines transactions dans le champ des prix de transfert.

En effet, toutes les opérations réalisées à l'international ou simplement réalisées avec une partie liée n'induisent pas *ipso facto* un sujet de prix de transfert.

Dans ce contexte, il est possible d'isoler des caractéristiques fondamentales des transactions contrôlables qui découlent de la définition même des prix de transfert, dont :
– l'existence d'un lien de dépendance (a) ;
– la transfrontalité (b) ;
– les particularités liées aux renonciations de facturations (c).

a. La démonstration du lien de dépendance ou d'appartenance à un même groupe multinational

Les définitions institutionnelles des prix de transfert ont en commun une notion clé, celle de « sociétés liées ». La liaison existante entre deux entités s'échangeant des biens et/ou des services peut s'entendre sur au moins deux plans, à savoir : au plan juridique et au plan économique (de fait).

La dépendance juridique (ou de droit)
Sur ce plan, le lien peut être démontré par l'existence de liens capitalistiques directs ou indirects entre les sociétés concernées ou au moyen de la preuve de leur appartenance à un « groupe » de sociétés. La notion de « contrôle » est ici prépondérante.
À titre d'exemple, l'instruction fiscale N° 001/MEED/DGI/DLC du 13 juin 2012 portant sur le régime fiscal des groupes de

sociétés, donne une définition du groupe de sociétés. Ainsi, le groupe de sociétés « [...] est l'ensemble formé des sociétés soumises de plein droit ou par option à l'impôt des sociétés ou un impôt étranger équivalent, quelle qu'en soit la forme, unies par des liens capitalistiques d'au moins 10 % et permettant à l'une d'elles ou à plusieurs d'entre elles, conjointement, de contrôler les autres [...] ».
Il faut noter cependant, en matière de prix de transfert, qu'une approche économique beaucoup plus large peut être retenue.

Ainsi, au-delà de cette condition d'ordre juridique, il faut noter que la détention doit permettre de contrôler directement ou indirectement d'autres sociétés comprises dans le périmètre de groupe, notamment par :

- La détention directe ou indirecte de la majorité des droits de vote ;
- Le pouvoir de désigner la majorité des membres des organes d'administration ;
- L'exercice d'une influence dominante sur une société du fait d'un contrat ou de clauses statutaires.

Illustration n° 2 : Dépendance juridique directe

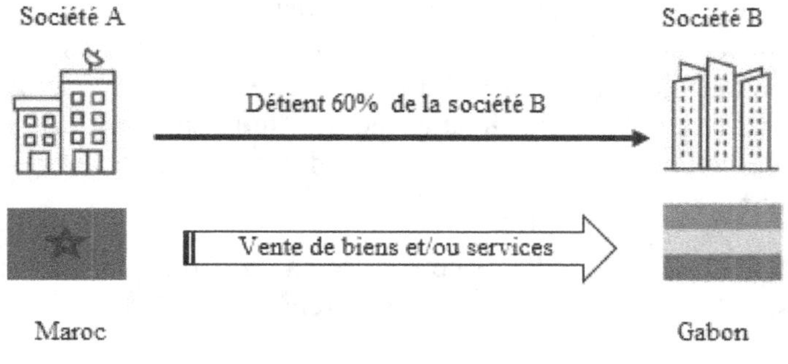

Illustration n° 3 : Dépendance juridique indirecte

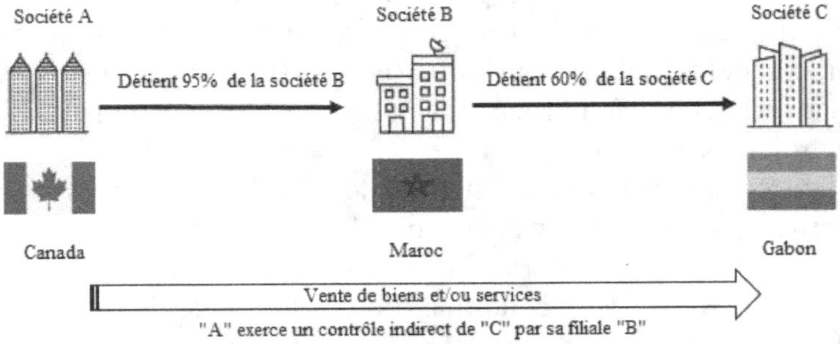

La dépendance de fait

Ici, le lien de dépendance s'analyse à partir de la capacité d'une entreprise étrangère à exercer envers une autre, de façon directe ou par une entité interposée, un véritable pouvoir de décision.

En l'absence de tout lien de filialisation ou même de dirigeants communs, le lien de dépendance peut être observé entre des entités avec des activités dites « mono-client » ou « mono-fournisseur », ou encore dans le cas de marchés de niches, ou dans les situations de contrats de distributions exclusifs, etc.

Dans ce contexte, une entité, du fait de son positionnement sur le marché ou vis-à-vis de son partenaire, peut lui imposer le prix auquel ils s'échangent des biens et/ou services contractuels. Il se met ainsi en place un lien de dépendance qui s'éloigne du mécanisme normal de rencontre de l'offre et de la demande et donc de la fixation du prix. La dépendance économique induit donc ici une potentielle situation de transfert. En pareil cas, ce type de lien peut entrer dans le champ des prix de transfert pour les entités concernées.

Cette situation est d'ailleurs confirmée par un Arrêt rendu par le Conseil d'État[9] en France sur l'interprétation de l'article 57 du

[9] Conseil d'État n° 372097 – 9e et 10e SSR, 15 avril 2016 (France).

Code général des impôts français qui a conduit à affiner la jurisprudence française sur la notion de dépendance de fait.

En définitive, dans le contexte de contrôles fiscaux, c'est la prise de connaissance de ces différents éléments ou conditions de transactions qui peuvent permettre aux vérificateurs d'appréhender la nature des liens entre les entités et donc de distinguer les transactions dites « intragroupes », des opérations réalisées avec des parties indépendantes.

b. La transfrontalité de l'opération

L'une des caractéristiques essentielles des prix de transfert est la nécessité d'un « franchissement » des frontières pour l'échange des biens, services ou de droits. Pour certains auteurs, les opérations entrant dans le champ des prix de transfert, sont assimilables à des transactions « d'import-export » à l'intérieur d'un même groupe. Par conséquent, les opérations réalisées même entre entités liées relevant de la même juridiction fiscale ne sont pas concernées par les problématiques documentaires en matière de prix de transfert.

En effet, il n'y a, de toute évidence, pas de risque d'érosion de la base fiscale pour des échanges réalisés entre des sociétés liées et ayant la même domiciliation fiscale. En effet, la règle de la « partie double » comptable trouve aussi tout son sens en fiscalité. Une minoration éventuelle pour une entité aboutit, *a priori*, à une majoration réciproque pour une autre. Les deux entités dépendant de la même administration fiscale, il n'y a donc au global pas de risque d'évasion fiscale, hors incidence, par exemple, de la démonstration par l'administration fiscale (dans le cadre d'un contrôle de la comptabilité du contribuable, notamment) du caractère non exhaustif des revenus enregistrés, ou du caractère non justifié (voire exagéré) des charges ou des ajustements comptables y relatifs (comptabilisation des avoirs, comptabilisation des dépréciations sur des créances clients-groupe, la prise en compte des pertes sur des créances internes dites irrécouvrables, etc.).

L'article P-831.bis Al 7 du Code général des Impôts gabonais précise justement que la documentation de la politique des prix de transfert ne se substitue pas aux justificatifs afférents à chaque transaction.

Au total, l'évocation de la problématique des prix de transfert induit un franchissement de frontière dans l'échange des biens et/ou des services intervenus entre des parties liées.

Illustration n° 4 : au sein d'un groupe, une filiale A établie au Gabon vend du manganèse à une autre filiale B établie en Chine, **le prix de vente par tonne de manganèse vendu est un prix de transfert.**

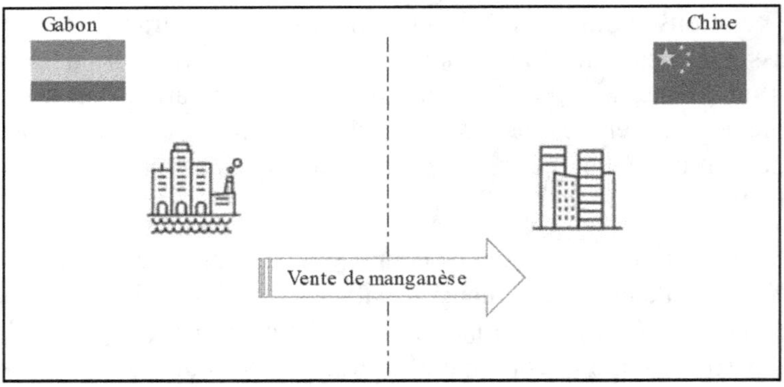

Illustration n° 5 : une société mère française A facture des frais de siège et des frais d'assistance technique à ses filiales B et C, situées respectivement au Gabon et au Cameroun, **les services facturés par la société française relèvent des prix de transfert.**

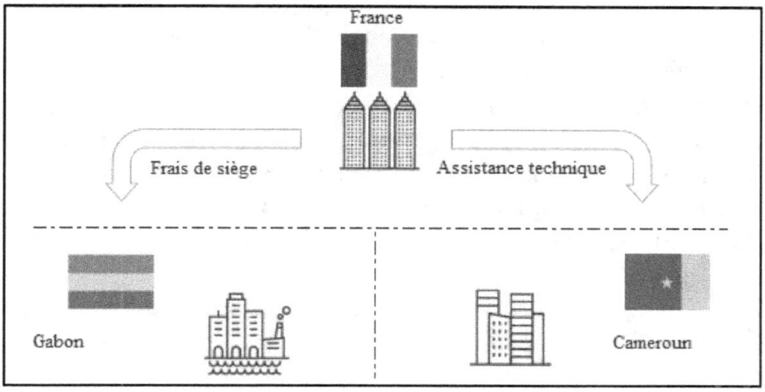

Illustration n° 6 : une entreprise gabonaise localisée dans la zone économique spéciale de NKOK exploite du bois qu'elle vend à sa société sœur spécialisée dans la fabrication des meubles de luxe et localisée en Côte d'Ivoire, **le prix de vente du bois pré-transformé est un prix de transfert.**

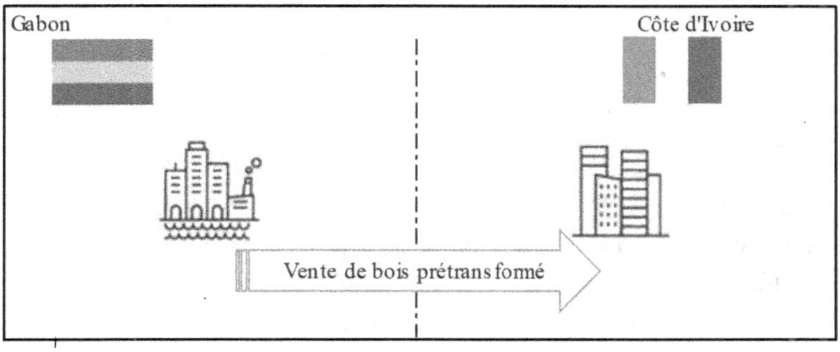

Illustration n° 7 : une start-up gabonaise (Alpha) développe un procédé innovant, mais dont les applications sont actuellement limitées à un marché restreint. Son unique client est localisé en Allemagne (Bêta). Pour s'assurer de la maîtrise de la qualité et du respect des spécifications techniques, la société allemande participe aux décisions stratégiques et communique mensuellement à la start-up gabonaise le prix auquel elle est prête à acquérir sa production. Alpha et Bêta n'ont aucun lien capitalistique et ne sont pas dans un même groupe. **Sur la base de ce dernier point, les deux entités paraissent indépendantes, mais certains facteurs peuvent induire à considérer une dépendance de fait et donc faire entrer le prix fixé pour ces opérations dans le champ des prix de transfert.**

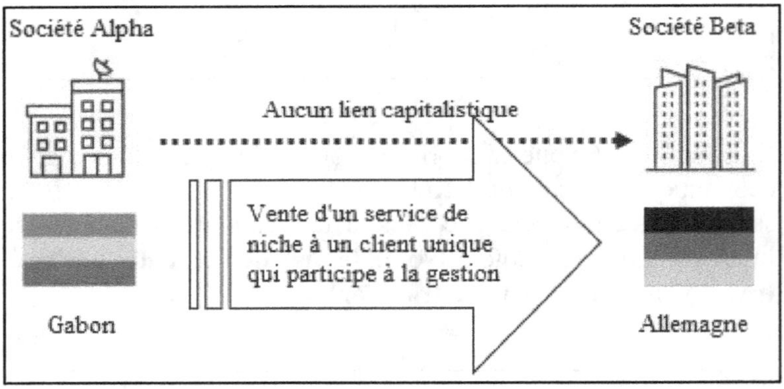

c. Cas particuliers des renonciations de facturations et des réductions commerciales

À la suite de l'identification de ces caractéristiques, l'on peut légitimement s'interroger sur les opérations intervenues (ou réputées réalisées), mais qui n'ont donné lieu à aucune facturation, ni émise et donc ni reçue. Dans ces conditions, en cas de vérification, il n'y a pas de flux financiers contrôlables et donc sur lesquels il faudrait s'assurer du caractère de pleine concurrence.

Sur ce point, il convient de retenir que, même si leur détection peut nécessiter une certaine agilité des vérificateurs fiscaux, les prestations de services *non rémunérées* et les mises à disposition *gratuites* de personnel ou d'éléments incorporels entre entreprises associées sont également concernées s'il s'avère qu'elles auraient dû être rémunérées, conformément au principe de pleine concurrence[10].

À ce point, il faut ajouter les réductions commerciales diverses, remises, rabais, ristournes. Ces opérations font l'objet d'une attention particulièrement accrue de l'administration fiscale gabonaise et encore plus dans le cadre de la documentation des prix de transfert. Il n'y a aucun mystère à noter que ce type de facilités correspond à des puissants leviers de modification des prix et donc potentiellement d'érosion des bases fiscales.

Les « avantages en nature » également entrent dans le scope des sujets d'attention en matière de prix de transfert. Ce point concerne toutes les transactions pour lesquelles l'administration fiscale peut estimer/démontrer qu'un avantage sans contrepartie équivalente, a été consenti par la société gabonaise. Dans ce cas, il y a une présomption automatique d'une volonté de transfert de bénéfices.

Cette situation peut concerner les cas non exhaustifs ci-après :

- Payer une redevance de marque, alors que les deux sociétés ont des chartes graphiques très distinctes, la société locale ne fait pas apparaître la marque sur ses éléments d'identité visuelle ; ses négociations commerciales domestiques ne mettent pas en avant une quelconque marque étrangère, il est difficile de démontrer l'apport commercial de la marque et son intérêt pour la réalisation des opérations au Gabon, la société est structurellement déficitaire, le chiffre d'affaires n'est pas influencé par l'« image » présumée de la marque, etc. ;

---

[10] bofip.impots.gouv.fr/bofip/5549-PGP.html/identifiant%3DBOI-BIC-BASE-80-10-20120912.

- Verser une redevance sur l'usage d'un procédé technique qui n'est pourtant protégé par aucun brevet, et qui est dans le domaine public ;

- Supporter des charges récurrentes dites de développement commercial ou de marketing facturées par le « siège » alors qu'il n'est pas possible de démontrer l'existence d'affaires/contrats signés dans ce cadre ou grâce à cet « appui » du siège.

La notion de prix de transfert et ses principales caractéristiques étant à présent cernées, il est intéressant de s'appesantir sur les enjeux de cette problématique centrale de la fiscalité internationale.

Chapitre 2 : Quels sont les enjeux rattachés à la documentation des prix de transfert

Section 1 : Les prix de transfert : une problématique sensible à l'échelle mondiale

1.1. Les risques visés et les exigences en matière de prix de transfert

Il est clair que la fixation des prix de transfert a une incidence directe sur les bases imposables des sociétés de groupes dans leurs différents lieux d'implantation, et peut donc être un levier de transfert de bénéfices inter-États en raison du risque d'exploitation par les firmes multinationales des « lacunes » des dispositifs fiscaux dont certains sont susceptibles :

- d'avoir des niveaux de maturité fortement distincts ;
- d'induire des mesures qui peuvent être contradictoires ;
- de ne pas encadrer suffisamment les risques de double imposition, ou même de double exonération ;
- d'avoir dans leur corpus réglementaire des mesures capables d'entraver le commerce international ;
- de ne pas favoriser la coopération et les mesures d'assistance mutuelle ou de transparence ;
- etc.

Ce débat a, ces dix dernières années, gagné en ampleur et s'est invité sur le champ de la politique internationale.

C'est dans ce contexte et dans le cadre inclusif OCDE/G20, que le projet BEPS[11] a été mis en place[12], et au sein duquel plus de 135 pays et juridictions mettent en œuvre 15 actions qui visent, entre autres, à :

- Lutter contre l'évasion fiscale,
- Améliorer la cohérence des règles fiscales internationales,
- Assurer un environnement fiscal plus transparent, et
- Faire face aux défis fiscaux découlant de la digitalisation croissante de l'économie.

Au global, il s'agit de s'assurer que les bénéfices réalisés par une entreprise soient de façon effective imposés où [dans le pays/territoire] ils sont réalisés (lieu effectif de création de la valeur) en évitant au passage toutes les pratiques fiscales dommageables.

Les travaux sur les prix de transfert visent donc deux risques majeurs : l'évasion fiscale[13] et la double imposition. Il s'agit donc, pour les administrations fiscales, de sécuriser l'assiette fiscale des opérations internationales.

Nous pouvons illustrer ci-dessous l'importance de la normalisation/réglementation afin de réduire ces deux risques :

Illustration 8 : Mise en évidence du risque d'évasion fiscale

---

[11] BEPS (Base Erosion and Profit Shifting) ou encore Érosion de la base d'imposition et le transfert de bénéfices, est un ensemble de recommandations proposées par l'OCDE dans le cadre du Projet OCDE/G20 pour une approche internationale coordonnée de la lutte contre l'évasion fiscale de la part des entreprises multinationales (source : https://www.glossaire-international.com/pages/tous-les-termes/beps-base-erosion-and-profit-shifting.html).

[12] Nous y reviendrons plus en détail dans la Partie 2.

[13] Considération faite des règles générales de lutte contre l'évasion fiscale, des règles relatives aux sociétés étrangères contrôlées, des règles relatives à la sous-capitalisation et autres règles limitant les déductions d'intérêts, des règles destinées à lutter contre les montages hybrides et des règles de lutte contre l'érosion de la base d'imposition.

Pays	France	Suisse	Gabon	
Société	A	B	C	
Taux d'IS	33%	8% (fédéral)	30%	
Processus	Production*	Société mère**	Distribution***	
Coûts	9,5	1	9,5	
Prix de transfert (Reçu)	0	10	**20**	
Coûts totaux	*9,5*	*11*	*29,5*	
Prix de vente	10	20	30	
Profit taxé	**0,5**	**9**	**0,5**	**10**

(*) : Coûts de production
(**) : Coûts de coordination
(***) : Coûts de distribution

Prix de vente effectif sur le marché = **30**

Dans cet exemple, en analysant les transactions dans leur ensemble, il est possible d'arrêter des montants maximums de prix de transfert et ainsi s'assurer que le profit taxable sera le même d'un pays à un autre comme dans notre exemple pour la France et le Gabon (dans des conditions de coûts et d'opération comparables).

Illustration 9 : Mise en évidence du risque de double imposition

Pays	France	Suisse	Gabon	
Société	A	B	C	
Taux d'IS	33%	8% (fédéral)	30%	
Processus	Production	Société mère*	**Distribution**	
Coût de production	9,5	1	9,5	**20**
Profit taxé	8	5	8	**21**

(*) : Coûts de coordination

Prix de vente effectif sur le marché = **30**

Dans cet exemple, on peut noter que le groupe a été imposé en cumul dans les trois pays sur une base de 21. **En réalité, le groupe n'a généré sur cette opération qu'un profit réel de 10** (soit : Prix sur le marché – coût complet / 30 – 20). Les mécanismes de prix de transfert, notamment par le biais des conventions bilatérales et/ou multilatérales, des analyses internes, doivent permettre d'éviter cette situation de double taxation.

1.2. Quelques mécanismes courants en matière d'érosion volontaire des bases fiscales

Les grands groupes ont longtemps utilisé de divers procédés et techniques (avec une forte capacité d'innovation) en vue d'optimiser (au-delà des règles légales) les bases d'imposition de leurs filiales, et ce, dans le sens des intérêts et de la seule stratégie du groupe, notamment : payer le moins d'impôts possible, et/ou remonter le maximum de trésorerie vers le siège ou une entité *ad hoc*.

Il est toutefois important de ne pas faire de confusion entre les notions d'« optimisation fiscale », et d'« évasion et/ou fraude fiscale ». L'optimisation est un procédé qui peut être tout à fait légal, alors que l'évasion fiscale est bien en contradiction avec la loi. Même si l'optimisation, poussée à son maximum, peut avoir un impact sur l'image d'un groupe et remettre en question ses valeurs éthiques et de responsabilité citoyenne.

Dans ces conditions et sans vocation à l'exhaustivité, nous revenons ci-dessous, sur quelques-uns des mécanismes applicables en matière de (re)localisation des bénéfices d'une société.

Illustration 10 : Exemples d'incidences du montant de prix de transfert sur le profit taxable

Cas 1 : Taux d'IS du pays de facturation proche du taux d'IS du pays facturé : équilibre

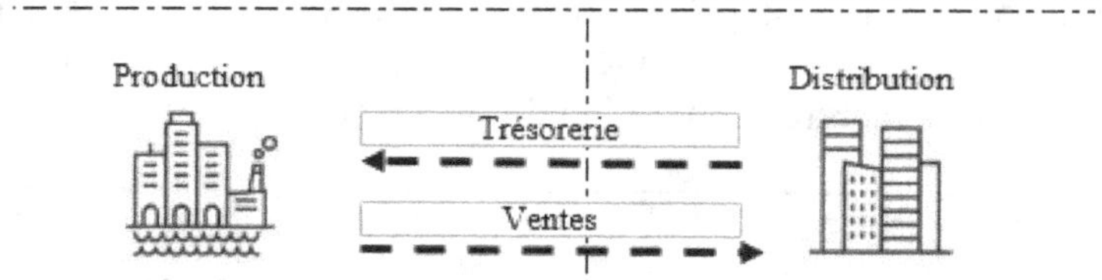

Coûts de production	20
Prix de transfert	25
Profit	**5**

Coûts de distribution	20
Prix de transfert	25
Prix de vente	50
Profit	**5**

Cas 2 : Taux d'IS du pays de facturation élevé comparativement aux taux d'IS du pays facturé : Transfert du bénéfice du groupe vers le pays facturé (minoration du prix réel de vente)

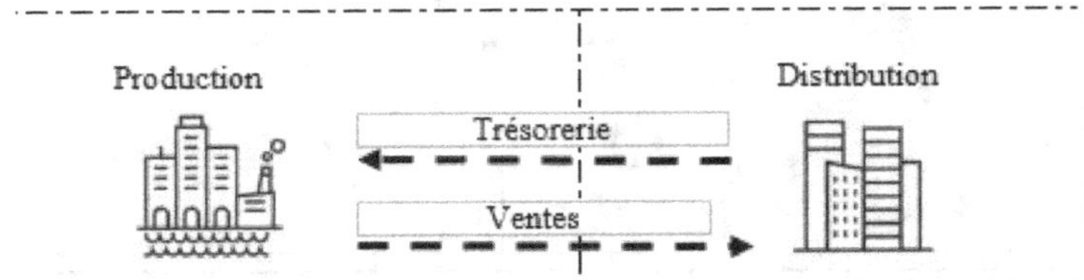

Coûts de production	20	Coûts de distribution	20
Prix de transfert	23	Prix de transfert	23
Profit	**3**	Prix de vente	50
		Profit	**7**

Cas 3 : Taux d'IS du pays de facturation faible comparativement aux taux d'IS du pays facturé : Transfert du bénéfice du groupe vers le pays qui facture (majoration du prix réel de vente)

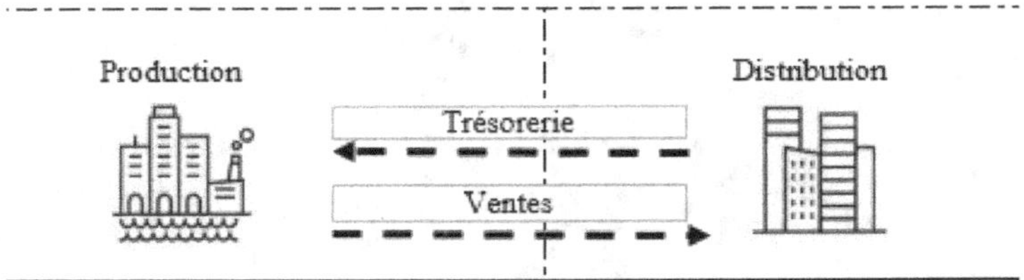

Coûts de production	20	Coûts de distribution	20
Prix de transfert	27	Prix de transfert	27
Profit	**7**	Prix de vente	50
		Profit	**3**

Il est cependant utile de relever que le nouveau dispositif encadrant la réglementation de change[14] dans la zone CEMAC a fortement refréné certaines pratiques du fait, aujourd'hui, de la relative difficulté à déplacer des fonds en dehors de la zone monétaire.

[14] Règlement n° 2/18/CEMAC/UMAC/CM portant réglementation des changes dans la CEMAC.

Section 2 : Les enjeux financiers des transactions intragroupes et de la production de la documentation des prix de transfert

2.1. Enjeux financiers : quelques chiffres

Selon le rapport OCDE (2013), *Lutter contre l'érosion de la base d'imposition et le transfert de bénéfices*[15], les chaînes de valeur mondiales (CVM), caractérisées par la *fragmentation de la production* entre différents pays, sont devenues une caractéristique prépondérante de l'économie mondiale, tant pour les pays émergents que pour les économies développées.

Voir ci-après une illustration des chaînes de valeur mondiales pour le cas des vêtements (T-shirt) et des appareils électroniques (iPhone) :

Illustration n° 10 : Schématisation simplifiée de chaîne de valeur mondiale (exemple de la fabrication d'un T-shirt, puis d'un iPhone)

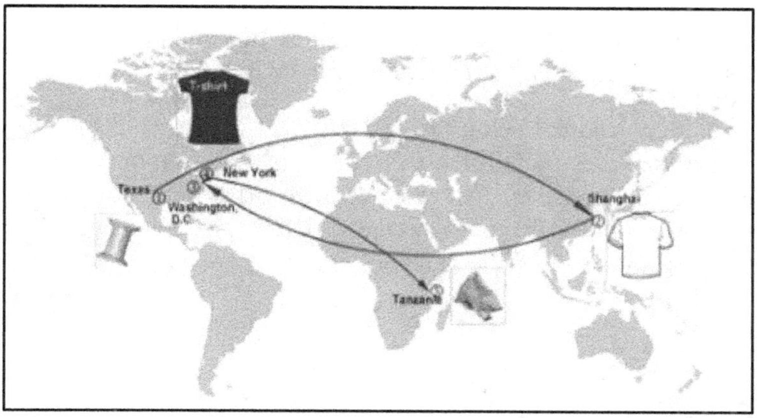

[15] OCDE (2013), *Lutter contre l'érosion de la base d'imposition et le transfert de bénéfices*, Éditions OCDE. http://dx.doi.org/10.1787/9789264192904-fr

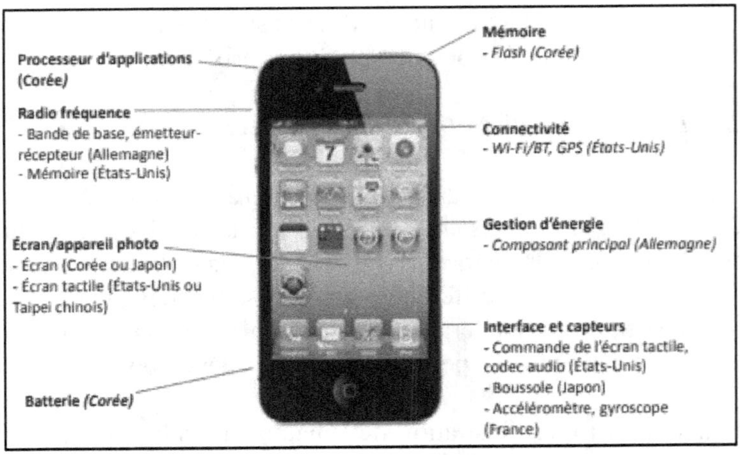

Source : L'exemple du T-shirt repose sur Rivoli (2009) ; celui de l'iPhone 4 a été établi sur la base d'une analyse d'IHSIsuppli (la décomposition prend uniquement en compte les composants, et n'inclut pas les autres dépenses en lien notamment avec la fabrication, les logiciels, les redevances et droits de licence)[16].

Cette internationalisation croissante des flux induit des risques fiscaux, notamment en matière de prix de transfert.

Dans ce cadre, selon la CNUCED (2015)[17] 30 % des investissements transfrontaliers effectués dans le monde par les entreprises transitent par des centres offshore[18]. Les pertes fiscales annuelles estimées des pays en développement atteignent ainsi environ 100 milliards de dollars par année.

16 Source de la carte : © ARTICQUE – tous droits réservés.

17 PRIX DE TRANSFERT DANS LES PAYS DE LA CEDEAO : Document de travail et recommandations concernant les cadres juridiques et administratifs d'application des règles de prix de transfert dans les pays de la CEDEAO, septembre 2016.

18 Les centres offshore sont des territoires dans lesquels les personnes physiques et morales obtiennent, du point de vue fiscal, certains avantages. Il peut s'agir de la probable réduction des formalités administratives ou d'un certain niveau de confidentialité (https://economy-pedia.com).

En novembre 2020, et selon l'organisation non gouvernementale (ONG) Tax Justice Network[19], l'évasion fiscale dans le monde, de la part d'entreprises ou de particuliers, coûte chaque année jusqu'à 427 milliards de dollars des États-Unis d'Amérique (soit environ 213 500 milliards de francs CFA), aux États, au profit des paradis fiscaux ou des pays peu regardants. En outre, selon ce même rapport, plus de la moitié de cette évasion fiscale (245 milliards de dollars) proviendrait des multinationales.

Au surplus, selon l'OCDE[20], les pratiques liées à l'érosion des bases fiscales et l'évasion fiscale coûtent chaque année aux pays entre 100 et 240 milliards de dollars en perte de revenus (donc jusqu'à 120 000 milliards de francs CFA), ce qui équivaut à environ 4 à 10 % des recettes mondiales de l'impôt sur les sociétés. Les pays en développement, qui sont fortement tributaires des recettes de l'impôt sur les sociétés, en sont par ailleurs touchés avec plus d'acuité.

Dans un cas comme dans l'autre, il apparaît clairement que les impacts financiers nés des pratiques de fraudes et d'évasion fiscale représentent des montants colossaux et qu'ils constituent par voie de conséquence un manque à gagner significatif dans les recettes fiscales des États.

C'est en cela que les corpus réglementaires se sont particulièrement durcis ces dix dernières années afin d'en limiter les impacts, voire de faire « capter » via les différentes réformes fiscales et les contrôles diligentés, le maximum de cette manne financière.

[19] Rapport connu pour être le premier rapport indépendant sur l'évasion fiscale mondiale établi à partir des chiffres déclarés à l'OCDE.

[20] Publication sur le site officiel de l'OCDE de novembre 2021 (https://www.oecd.org/tax/beps/).

2.2. Obligations documentaires et importantes contraintes déclaratives

En raison de ces enjeux, le cadre BEPS a permis aux administrations fiscales d'adopter (ou s'en inspirant) un ensemble d'obligations déclaratives et documentaires dont le contenu peut être particulièrement complexe et volumétrique en fonction de la taille du groupe, de la nature des opérations, des montages financiers mis en place : c'est la documentation des prix de transfert.

La documentation des prix de transfert va se présenter sous la forme d'une « liasse » d'informations (physique et/ou dématérialisée) dans laquelle un groupe détermine et documente sa stratégie et ses transactions intragroupes afin de démontrer le respect des exigences légales en matière de prix de transfert, notamment pour ce qui est de l'application du principe de pleine concurrence dans la fixation des prix des transactions intragroupes transfrontalières.

La documentation va fournir une vision de haut niveau sur les opérations du groupe et sur la conformité de ses pratiques avec la loi.

Dans ce cadre, le projet BEPS fournit un ensemble de documents à préparer[21], dont un Fichier maître (ou « Master file »), un Fichier local (ou « Country file » ou « Local file ») et un canevas de déclaration dit pays par pays (ou « Country by country report »). Les administrations fiscales peuvent y adjoindre des questionnaires personnalisés ou des formulaires spécifiques selon leurs besoins (comme c'est le cas au Gabon).

Ainsi, en tant que contraintes fiscales, la communication de ses documents est naturellement associée à des délais légaux et à des sanctions pécuniaires qui peuvent être très significatives pour retard/absence de dépôt ou pour documentation partielle/insuffisante, etc.

---

[21] Nous y revenons plus en détail dans la dernière partie.

Ce sont donc un ensemble de contraintes auxquelles doivent se soumettre des entreprises dont les flux entrent dans le champ des prix de transfert et pour lesquels une attention majeure est accordée par l'administration fiscale.

Chapitre 3 : Comment déterminer un prix de transfert conforme au principe de la pleine concurrence

Ce chapitre revient sur les phases essentielles du processus de détermination des prix de transfert avant de présenter les mécanismes envisageables pour encadrer les pratiques de facturations du groupe en accord avec l'administration fiscale. Nous traiterons ainsi de l'analyse fonctionnelle, du choix des méthodes de prix de transfert, avant de présenter les procédures d'encadrement fiscal des politiques de prix de transfert.

Section 1 : L'analyse fonctionnelle

1.1. Qu'est-ce que l'analyse fonctionnelle ?

En termes simples, l'analyse fonctionnelle consiste à examiner l'importance relative des fonctions exercées par une société du groupe par rapport aux autres dans le cadre de leurs opérations. Il s'agit d'apprécier son rôle économique dans les flux intragroupes. Elle va permettre de mettre en lumière les fonctions exercées par les sociétés liées, les risques supportés (variation des taux de change, variation des prix des matières premières, défaut de fabrication), les actifs corporels et incorporels mobilisés pour pouvoir concevoir, produire/assembler, commercialiser les biens et services fournis aux clients finaux, pour coordonner les opérations du groupe, etc.

C'est cette analyse qui va permettre de justifier les niveaux de rémunération auxquels chacune des parties peut prétendre et donc fonder le niveau de prix de transfert.

1.2. Exemple de présentation d'une analyse fonctionnelle

D'une manière générale, l'analyse fonctionnelle peut se présenter sous forme narrative ou être synthétisée dans un tableau. Cette dernière approche permet d'avoir une rapide vue d'ensemble et compréhension de la répartition des fonctions au sein du groupe d'une part, et de l'analyse des risques encourus d'autre part.

Ci-dessous, un exemple de grille d'analyse fonctionnelle :

Légende d'appréciation du niveau d'implication et de risque :

X = Fonction exercée par l'entité (partiellement ou intégralement)
Des niveaux de risque (faible, moyen, élevé) peuvent également être précisés pour chacune des fonctions exercées par l'entité.

Exemple de grille d'analyse fonctionnelle :

FONCTIONS	Entreprise Alpha	Entreprise Bêta	Entreprise Oméga
	 France	 Maroc	 Gabon
A – Recherche et développement			
A.1 Développement de produits nouveaux	x	x	x
A.2 Développement des conditionnements	x		
B – Gestion de la production			
B.1 Achats de matières premières et fournitures	x		
B.2 Réception matières premières	x		
B.3 Contrôle qualité des matières premières	x		
B.4 Planification de la production	x		
B.5 Élaboration des produits	x		
B.6 Contrôle qualité et tests	x		
B.7 Conception des procédés de fabrication	x		
B.8 Gestion des stocks	x		

C – Gestion des marques			
C.1 Création	x	x	
C.2 Fixation de la politique de prix	x	x	
C.3 Image	x	x	
C.4 Distribution	x	x	
C.5 Allocation des ressources	x		
C.6 Publicité	x		
C.7 Étude de consommation	x	x	
C.8 Étude de marché	x	x	
C.9 Prévision des ventes	x	x	
D – Marketing au plan local			
D.1 Publicité		x	x
D.2 Études sur la demande des consommateurs		x	x
D.3 Études de marché		x	x
D.4 Prévisions des ventes		x	x
E – Vente et distribution			
E.1 Transport des marchandises	x	x	x
E.2 Formation des forces de ventes	x	x	x
E.3 Contrôle activité des forces de ventes	x		x
E.4 Fixation des prix	x	x	x
E.5 Entreposage (stockage) des marchandises	x	x	x
E.6 Suivi des commandes et du stockage		x	x
F – Administration des ventes			
F.1 Commandes et confirmations			x
F.2 Réception, expédition des marchandises			x
F.3 Facturation et encaissements			x
F.4 Documentation douanière			x
G – Financement			

G.1 Défense des brevets et marques	x	x	
G.2 Prise en charge du coût des ventes		x	x
G.3 Intermédiaires	x		
G.4 Opérations de couverture		x	x
G.5 Analyse crédit	x	x	x
H – Risques			
H.1 Risques de marché	x	x	x
H.2 Risques de stocks	x	x	x
H.3 Risques de délai de paiement	x	x	x
H.4 Risques de créance douteuse			x
H.5 Risques de change	x		

Source : https://archive.wikiwix.com

1.3. Conséquence de l'analyse fonctionnelle

Tel qu'on peut le remarquer ci-avant, l'analyse fonctionnelle est une étape clé, si ce n'est la plus déterminante du processus de justification du caractère de pleine concurrence des prix pratiqués.

En effet, elle met en lumière les entités qui exercent les fonctions les plus importantes et donc celles qui supportent les risques les plus critiques dans la chaîne de valeur. Par voie de conséquence, il est admis que les sociétés qui ont ce profil « méritent » de recevoir le niveau de rémunération (« marge ») le plus élevé dans le cadre de la fixation du prix de vente/cession entre sociétés liées.

Plus formellement, et dans le cadre de la détermination des prix de transfert, ces sociétés sont identifiées comme ayant le profil « Entrepreneur »[22] et celles exerçant les fonctions les moins complexes sont identifiées comme ayant un profil dit « Routinier »[23].

[22] Voir aussi la définition spécifique proposée dans le lexique.

[23] On dit encore exercer des fonctions routinières.

Dans ce contexte, plus fine et précise sera l'analyse fonctionnelle produite dans la documentation des prix de transfert, plus la politique appliquée est susceptible d'être comprise et « validée » par l'administration fiscale. Cette démarche permet de limiter les risques de rejet de la documentation par les vérificateurs et donc d'assurer une certaine « sérénité fiscale » sur ce sujet.
L'analyse fonctionnelle revêt donc un enjeu de premier plan. Il est donc nécessaire de la définir avec un haut niveau d'attention dans le cadre de la production de la documentation des prix de transfert.

1.4. Cas particulier des accords de répartition des coûts (ARC)

Si l'analyse fonctionnelle permet à chaque partie prenante de la chaîne de valeur d'évaluer son poids économique, elle ne fixe cependant pas formellement les niveaux de rémunération auxquels elles peuvent s'attendre. C'est dans ce contexte que les accords de répartition des coûts peuvent jouer un rôle essentiel, car ils peuvent permettre de donner un caractère « scientifique » au niveau des marges retenues à chaque étape du processus de création de la valeur.
Par définition, un accord de répartition de coûts (ARC) est un contrat par lequel différentes entreprises décident de mettre en commun des moyens en partageant les coûts et les risques. Habituellement, un ARC a pour but le développement d'éléments incorporels, tels que les procédés de fabrication ou les brevets. Cette approche a été cependant élargie par l'OCDE[24] à l'acquisition de biens corporels, l'obtention de services ou biens, la mise en place de campagnes publicitaires, etc. En contrepartie de sa participation aux coûts et risques, chacune des parties a le droit d'utiliser les fruits de l'ARC[25].

[24] Chapitre 8 des principes directeurs.
[25] https://www.lesechos.fr

Afin de rester arrimé à l'objectif ultime de pleine concurrence, l'OCDE note au sujet des ARC que « Les contributions effectuées par un participant [doivent être] conformes à celles qu'une entreprise indépendante accepterait de verser dans des circonstances comparables, compte tenu des avantages qu'il est raisonnablement possible d'attendre de l'accord. »

Il faut noter cependant que la mise en œuvre pratique d'un ARC peut poser certains problèmes techniques, notamment dans les méthodes d'évaluation ou les modes de tests susceptibles d'être appliqués soit en autoévaluation, soit par l'administration fiscale. Les divergences d'analyse[26] pouvant être source d'importants écarts, la pratique des ARC reste donc encore assez modérée.

Exemple de répartition des coûts engagés par les entreprises Alpha, Bêta et Oméga : cas de la production d'une machine-outil :

Immobilisations : clés de répartition	**Entreprise Alpha**	**Entreprise Beta**	**Entreprise Omega**
Eléments incorporels			
Développement et conception du produit	x		
Ingénierie	x		
Fabrication	x		
Commercialisation et publicité	x	x	x
Planning des promotions des ventes		x	x
Ventes	x		x
Gestion et maintien de la marque	x		
Propriété des brevets	x		
Promotion de l'Histoire et de la tradition du produit	x		
Eléments corporelles			
Propriété des usines de production	x		
Propriété des équipements industriels	x		
Bâtiments de stockage	x	x	x

Source : exemple réadapté de https://archive.wikiwix.com

Dans ce contexte, cette répartition conduit à admettre que la société Alpha supporte les coûts les plus élevés et fournit les

[26] Partir des prix du marché vers les coûts, ou partir des coûts vers le marché ; l'évaluation difficile des économies générées, des clés de répartition pertinentes, des ajustements à considérer d'un pays à un autre, etc.

actifs les plus importants du processus de production et de commercialisation de la machine-outil. Ainsi, est-il possible de conclure que la société Alpha fournit des prestations à haute valeur ajoutée ; il est donc compréhensible, au regard de la contribution d'Alpha, que le niveau de marge qu'elle est en droit d'espérer soit supérieur à celui qui reviendrait à Bêta et à Oméga qui supportent les coûts de moindre importance et exercent les fonctions les plus simples.

À la lumière de ces précisions, il faut noter que le calcul définitif du prix qui sera retenu dans le cadre des opérations intragroupes obéit à au moins une des méthodes recommandées ou acceptées par l'OCDE. Nous en présentons un rapide panorama dans la section suivante avant d'en approfondir le contenu au chapitre 3 de la Partie 2.

Section 2 : Le choix de méthodes de calcul des prix et l'analyse économique

2.1. Qu'est-ce qu'une méthode de prix de transfert ?

Selon la définition de l'OCDE, les prix de transfert sont « les prix auxquels une entreprise transfère des biens corporels, des actifs incorporels, ou rend des services à des entreprises associées ».

Il s'ensuit qu'une méthode de prix de transfert correspond donc au processus technique et rationnel qui documente le mode d'obtention du prix. Il s'agit d'un « argumentaire » modélisé qui comprend des paramètres économiques, juridiques, fiscaux, etc., qui justifie le niveau de rémunération demandé pour l'un et le coût acceptable pour l'autre. Ces méthodes vont par ailleurs, et à titre principal, permettre de déterminer si les conditions qui sous-tendent les relations commerciales ou financières entre entreprises associées, et donc les prix pratiqués en interne, sont conformes au principe de pleine concurrence.
Sans leur donner un caractère impératif, l'OCDE a dégagé cinq méthodes principales dans ses principes directeurs.

Quelles sont les méthodes auxquelles peuvent recourir les contribuables

Les cinq méthodes proposées par l'OCDE dans ses principes directeurs peuvent être regroupées en deux catégories, à savoir :

- Les méthodes dites « traditionnelles », fondées sur les transactions et qui incluent :
  - La méthode du prix comparable sur le marché libre,
  - La méthode du prix de revente, et
  - La méthode du prix de revient majoré ;

- Les méthodes dites « transactionnelles », qui consistent à comparer les bénéfices des transactions réalisées entre entreprises associées avec ceux réalisés entre des entreprises indépendantes et qui incluent :
  - La méthode du partage des bénéfices, et
  - La méthode transactionnelle de la marge nette.

Dans leur documentation des prix de transfert, les entreprises doivent donc préciser la méthode retenue pour chacune des transactions et expliquer en quoi elle est appropriée par rapport aux spécificités de l'opération contrôlée et pourquoi elle permet de justifier le prix proposé. Ce prix devra ensuite faire l'objet d'une analyse de comparabilité pour justifier qu'il entre dans l'intervalle de prix du marché et donc que le prix facturé dans le groupe est de pleine concurrence : c'est l'analyse de comparabilité.

2.2. L'analyse de comparabilité

L'analyse de comparabilité est une phase essentielle du processus de documentation des prix de transfert.

Cette analyse est d'ordinaire réalisée dans une partie spécifique de la documentation des prix de transfert désignée « analyse économique » et dont le but principal est de préparer à la compréhension des méthodes de prix de transfert retenues et surtout de montrer la conformité des conditions d'application de ces méthodes avec les principes directeurs édictés par l'OCDE, notamment le principe de pleine concurrence.

Ainsi, le principe de pleine concurrence visant à assurer que le prix pratiqué soit similaire à celui qu'auraient appliqué des sociétés non liées, l'analyse de comparabilité revient donc à réaliser un travail de « comparaison » qui doit être mis en place afin de déterminer si deux ou plusieurs transactions sont comparables.

Au moins deux approches pour l'obtention de comparables peuvent être identifiées :

- Par les comparables internes : l'entreprise concernée ou une autre entreprise du même groupe réalise une transaction identique ou similaire avec une entreprise indépendante.

  Le comparable interne est souvent le comparable le plus adéquat[27] ;

- Par les comparables externes : une entreprise indépendante réalise une transaction identique ou fortement similaire avec une autre entreprise indépendante.

  En pratique, ce comparable externe est souvent issu de la consultation d'une base de données commerciale, accessible sur abonnement auprès d'un opérateur privé, qui recense les entreprises sur un territoire (national, américain, européen ou mondial)[28].

Afin de mener une étude pertinente, il est indispensable d'analyser en profondeur les caractéristiques des biens et/ou des services échangés, notamment :

---

[27] Voir « Prix de transfert, Guide à l'usage de PME », version de novembre 2006, Direction générale des finances publiques, France.

[28] Voir « Prix de transfert, Guide à l'usage de PME », version de novembre 2006, Direction générale des finances publiques, France.

- Pour les biens corporels : la qualité, la fiabilité, le volume, etc. ;
- Pour les biens incorporels : le type de transaction, la nature de l'actif, l'usage, le marché, etc. ;
- Pour les prestations de services : la nature, la portée, l'imbrication avec le cœur de métier, etc.

L'OCDE propose la mise en place d'un processus standard pour faciliter la réalisation d'une telle analyse[29], à savoir :

- La détermination des années faisant l'objet de l'analyse[30] ;
- L'analyse de la situation de l'entreprise ;
- La compréhension de la transaction entre parties liées, en particulier l'analyse fonctionnelle et l'identification des facteurs de comparabilité importants qui doivent être pris en compte ;
- L'examen des comparables internes existants, le cas échéant ;
- La détermination des sources d'information disponibles sur les comparables externes si nécessaire, en tenant compte de leur fiabilité relative ;
- La sélection de la méthode de prix de transfert la plus appropriée et, selon la méthode de prix de transfert, détermination de l'indicateur financier pertinent ;
- L'identification des comparables potentiels[31] ;

---

[29] Juan Mosquera (https://www.arintass.fr).

[30] Une analyse pluriannuelle permet de gommer ou lisser l'incidence des éventuelles fluctuations d'une année à une autre.

[31] Il est possible de dénombrer au moins deux types de comparables : les comparables internes comparent les transactions similaires que la même entreprise effectue avec d'autres entreprises liées et non liées ; et les comparables externes : une recherche est effectuée à l'aide de bases de données contenant des informations sur les transactions entre des sociétés indépendantes, et celles-ci sont comparées à la transaction effectuée entre la société étudiée et sa société liée.

- La détermination et l'application de tout ajustement de comparabilité pertinent ;

- L'interprétation et l'utilisation des données recueillies pour vérifier si le principe de pleine concurrence est respecté.

Il faut noter que l'analyse de comparabilité (ou benchmark) nécessitant la plupart du temps le recours à des bases de données payantes, ce processus est d'ordinaire externalisé par l'entreprise à un cabinet de conseil externe et s'opère suivant le processus (indicatif) suivant :

- Recherche d'un panel d'entreprises potentiellement comparables sur une base de données spécialisée,

- Sélection d'un panel restreint d'entreprises comparables,

- Choix d'un indicateur de profitabilité,

- Ajustement des différences entre les comparables et l'entité testée,

- Calcul de l'intervalle de pleine concurrence[32] (voir schématisation proposée plus loin).

Où trouver les informations susceptibles d'être pertinentes pour la recherche des comparables externes ?

Comme précisé précédemment, l'essentiel des informations peut être obtenu au moyen des bases de données, dont l'accès exige généralement d'avoir acquis préalablement les droits ou un abonnement. Ces bases regroupent des informations portant sur des entreprises existantes, des données financières et économiques réelles. Leur usage fournit ainsi une certaine légitimité dans le cadre de contrôles diligentés par l'administration fiscale.

---

[32] En général, une analyse interquartile est appliquée et l'intervalle de pleine concurrence contient la moitié des observations les plus centrales. Les données extrêmes (voire aberrantes sont donc exclues).

Dans la pratique, les bases de données peuvent être rangées en deux grands groupes, tels que :

– selon la couverture géographique,
– selon le domaine d'activité (bases de données spécialisées).

S'agissant des bases de données orientées sur les données par localisation géographique, il est possible de retenir les principales bases de données suivantes :

Espace géographique	Désignation de la base	Entreprise propriétaire
Amérique du Nord	Compustat	Standard & Poor's
	Disclosure	Disclosure Inc.
	Mergent Online	Mergent anciennement Moody's
Asie	Business Browser	OneSource
	Global Vantage	Standard & Poor's
	Orbis et Osiris	Bureau Van Dijk Electronic Publishings[33]
Europe	Amadeus et Orbis[34]	Bureau Van Dijk Electronic Publishings
	Diane (France)	
	Bel-first[35] (Belgique et Luxembourg)	

33 Également connu sous l'acronyme BvD.
34 Désormais fusionnées sous la désignation unique ORBIS.
35 FInancial Reports and STatistics on BElgian and Luxembourg Companies.

Pour ce qui est des bases spécialisées, il est possible de citer :

Désignation de la base	Domaine couvert	Entreprise propriétaire
RiskCalc	Notes de crédit et taux d'intérêt applicables aux emprunts	Moody's analytics
ktMine Royalty Finder	Redevances diverses sur des actifs incorporels (Brevets, marques, etc.)	ktMINE
DealScan	Prêts consentis par des Institutions financières	Thomson Reuters LPC
Zéphyr	Multiple d'EBI ou d'EBITDA sur des opérations de fusions-acquisitions	Bureau Van Dijk Electronic Publishings

Enfin, il est important de noter que dans le cadre de la justification des prix de transfert, il est d'usage de réaliser les « tests » chez les entités avec les fonctions les moins complexes, car l'observation des flux y est plus simple et la logique de calcul des prix facturés plus rapide.

En général, l'analyse de comparabilité se conclut par la mise en évidence des amplitudes de prix dont certains résultats sont rejetés et d'autres considérés comme pertinents pour l'analyse (matrice de rejet, matrice d'acceptabilité). Pour chacune des transactions testées, il ressort un panel de données comparables qui permet de situer le prix pratiqué dans le groupe par rapport à l'intervalle dit de pleine concurrence[36] et donc de conclure sur la conformité avec les prix du marché.

[36] En *moyenne pondérée* – c'est-à-dire en considérant que la moyenne pondérée de profitabilité d'une société sur plusieurs années est une observation ou en « *pooling* » – c'est-à-dire en considérant que chaque calcul de profitabilité pour

Comment calculer l'intervalle de pleine concurrence ?

L'OCDE recommande l'usage d'outils statistiques dédiés pour la détermination de l'intervalle de pleine concurrence. En outre, ces outils doivent privilégier les mesures de tendance centrale, afin de neutraliser l'incidence de résultats extrêmes ou aberrants. Dans ce cadre, par exemple, pour l'application d'un intervalle interquartile, les résultats issus du quart des observations avec les plus faibles valeurs et ceux provenant du quart des observations ayant les valeurs les plus élevées sont éliminés (voir l'illustration ci-dessous).

Illustration 11 : Exemple de présentation d'un intervalle de pleine concurrence

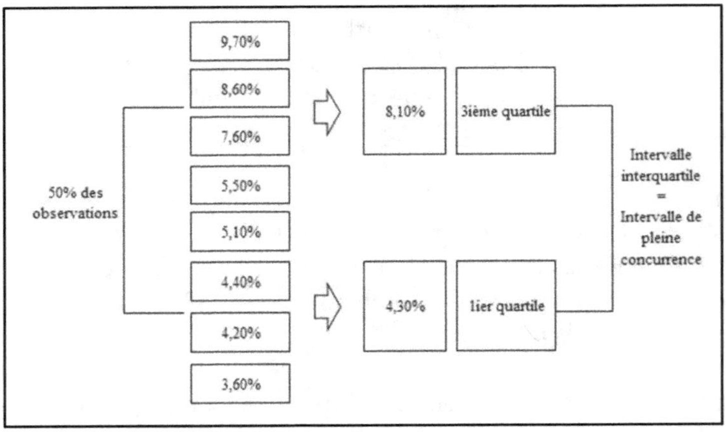

Source : illustration adaptée de https://tpqube.com (Guide simplifié des recherches de comparables prix de transfert – 2e partie).

À la différence de certaines législations nationales, le Gabon n'a pas encore défini de façon expresse, les modalités de détermination de l'intervalle de pleine concurrence. Par ailleurs,

chaque société pour chaque année donne une observation (https://tpqube.com (Guide simplifié des recherches de comparables prix de transfert – 2e partie).

la notion de médiane de l'intervalle interquartile qui est la pratique la plus répandue n'est pas expressément acceptée.

Le calcul de l'intervalle interquartile peut être réalisé selon neuf méthodes[37], dont la plus répandue est celle dite « n + 1 »[38]. Nous ne reviendrons pas sur ces méthodes, leur mise en œuvre pratique étant aujourd'hui, pour l'essentiel, automatisée.

Sur ce dernier point, l'application « Excel » de la suite Microsoft Office permet d'obtenir automatiquement les quartiles à partir des formules « QUARTILE.INCLURE » ou « QUARTILE.EXCLURE ». Il convient de noter que dans l'une ou l'autre des formules, la médiane obtenue est identique.

Section 3 : Les mécanismes d'encadrement fiscaux de la politique des prix de transfert

Il est envisageable pour une entreprise dont les flux entrent dans le champ des prix de transfert d'avoir une démarche anticipative et donc d'engager spontanément avec l'administration fiscale, des échanges dans ce cadre.
Sur ce point, il est possible d'identifier au moins deux dispositifs permettant de sécuriser les politiques des prix de transfert pratiquées par une entreprise, à savoir :

- L'accord préalable en matière de prix de transfert (ou APP),
- La procédure amiable.

[37] R. J. Hyndman, Y. Fan (1996), "Sample Quantiles in Statistical Packages", in *American Statistician.*

[38] Dossier Pratique *Prix de transfert : Détermination, Justification et gestion des différends, problématiques connexes* (Xavier Daluzeau, Stéphane Gelin, Bruno Bibert et Arnaud Le Boulanger), éditions Francis Lefebvre, 3e édition, septembre 2016, page 162.

3.1. L'accord préalable

L'accord préalable en matière de prix de transfert prend la forme d'un rescrit fiscal qui a pour objet de fournir aux contribuables une sécurité juridique concernant les transactions futures entre deux sociétés liées[39]. En effet, l'article P-866 du Code général des impôts en son alinéa 2 dispose que « Lorsque le contribuable a, préalablement à la conclusion d'une opération telle qu'un contrat ou un acte juridique, sollicité l'avis de l'administration fiscale sur le régime fiscal applicable à cette opération, il ne peut se voir opposer une position contraire par cette même administration, notamment à l'occasion des contrôles fiscaux ».

Dans l'environnement gabonais, cette option n'est ouverte qu'aux entreprises (« Les sociétés visées à l'alinéa 1 de l'article 12 » du Code des impôts) ayant souscrit une déclaration annuelle de résultat pendant deux exercices consécutifs.

L'alinéa 4 de l'article P-866 du Code général des impôts précise que les APP définissent les transactions visées, les méthodes de valorisation retenues et la durée de leur application. En outre, l'accord préalable garantit l'entreprise contre toute remise en cause par l'administration de la méthode de fixation des prix pour les exercices concernés, sauf en cas de présentation erronée des faits, de dissimulation d'informations, d'erreurs ou omissions imputables au contribuable, de non-respect des obligations contenues dans l'accord ou de manœuvres frauduleuses.

Cependant, ni le Code des impôts, ni une instruction fiscale spécifique ne définissent à ce jour, les modalités pratiques de soumission de la demande d'accord préalable avec l'administration fiscale gabonaise.

Il est également possible de noter, au titre des axes d'enrichissement du dispositif fiscal gabonais, la définition des modèles d'APP auxquels peuvent prétendre les contribuables, en fonction de leurs situations respectives, précisément pour les

---

[39] https://www.impots.gouv.fr/

PME, pour les accords dits de types unilatéraux ou multilatéraux et leurs conséquences respectives.

3.2. La procédure amiable

La procédure amiable intervient, à la demande du contribuable, à la suite de la réception d'une notification de redressement de l'administration fiscale.
Dans ce contexte, et comme prévu par l'article P-877 du Code général des impôts, le contribuable est en droit de solliciter l'ouverture d'une procédure amiable, s'il estime que les chefs de redressement sont constitutifs d'une double imposition ou d'une imposition non conforme aux dispositions conventionnelles.

L'ouverture de cette procédure a un effet suspensif dont le point de départ est la date de la réception par l'administration de la demande du contribuable de mise en œuvre de la procédure amiable.

Ces procédures permettent aux contribuables d'arrêter avec l'administration fiscale une position, une pratique, des politiques sur les prix ou absence de prix de certaines transactions entrant dans le cadre des prix de transfert. Il est tout de même important de noter qu'un important délai de traitement des divergences d'interprétation soumises à la voie amiable peut être observé.

Partie 2 – Du cadre normatif et légal en matière de prix de transfert

Cette partie vise à fournir un aperçu du cadre normatif international, dont les déclinaisons irriguent à différents niveaux les corpus législatifs locaux. Ainsi, nous reviendrons tour à tour sur le cadre de référence international en matière de prix de transfert, le positionnement du Gabon au niveau du cadre normatif mondial et sur les méthodes de référence pour justifier les prix de transfert et leur cadre d'application.

Chapitre 1 : Quel est le cadre de référence international en matière de prix de transfert ?

Ce chapitre traite du cadre de référence international en matière de prix de transfert, notamment avec pour fer de lance l'OCDE et ses publications techniques.

Section 1 : Le projet BEPS de l'OCDE

1.1. Contexte de la mise en œuvre du projet BEPS

Constatant l'inefficacité des dispositifs bilatéraux (notamment par les conventions fiscales entre États) visant la lutte contre l'évasion fiscale, la double imposition, le projet BEPS (« *Base Erosion and Profit Shifting* » ou « Érosion des bases imposables et transfert de bénéfices ») a été lancé en 2013 par le G20 en vue de mettre un terme aux pratiques d'optimisations fiscales abusives dont peuvent se rendre coupables certaines multinationales au détriment des revenus fiscaux des États.

La conception technique des actions à mener a été confiée à l'OCDE. Le projet BEPS a abouti à la mise en place de 15 actions, à savoir :

#	Rubrique	Nature de l'action
1	**Relever les défis fiscaux posés par l'économie numérique**	▪ L'action 1 identifie les principales difficultés posées par l'économie numérique pour l'application des règles fiscales internationales existantes et élabore des solutions détaillées pour les résoudre, en adoptant une démarche globale et en tenant compte à la fois de la fiscalité directe et indirecte.

#	Rubrique	Nature de l'action
2	**Neutraliser les effets des dispositifs hybrides**	▪ Le point 2 du plan d'action demande d'élaborer des dispositions conventionnelles types et des recommandations relatives à la conception de règles nationales visant à neutraliser les effets d'instruments et d'entités hybrides (double non-taxation, double déduction, report à long terme).
3	**Concevoir des règles efficaces concernant les sociétés étrangères contrôlées**	▪ L'action 3 émet des recommandations pour renforcer les règles fiscales des entreprises étrangères contrôlées (SEC).
4	**Limiter l'érosion de la base d'imposition faisant intervenir les déductions d'intérêts et d'autres frais financiers**	▪ L'action 4 élabore des recommandations concernant des pratiques exemplaires pour la conception de règles visant à empêcher l'érosion de la base d'imposition par l'utilisation de paiements d'intérêts, par exemple, le recours à l'emprunt auprès d'une partie liée ou d'une tierce partie en vue de réaliser des déductions excessives d'intérêts ou de financer la production d'un revenu exonéré ou différé.

#	Rubrique	Nature de l'action
5	**Lutter plus efficacement contre les pratiques fiscales dommageables, en prenant en compte la transparence et la substance**	▪ L'action 5 refond les travaux relatifs aux pratiques fiscales dommageables en donnant la priorité à l'amélioration de la transparence, notamment par le biais de l'échange spontané obligatoire de renseignements sur les décisions relatives à des régimes préférentiels, ainsi qu'au moyen de l'exigence d'une activité substantielle préalablement à l'instauration de tout régime préférentiel, comme, par exemple, les FHTP[40].
6	**Empêcher l'utilisation abusive des conventions fiscales lorsque les circonstances ne s'y prêtent pas**	▪ L'action 6 élabore des dispositions conventionnelles types et des recommandations visant à concevoir des règles nationales qui empêchent que les avantages prévus par les conventions puissent être accordés lorsque cela n'est pas justifié.
7	**Empêcher les mesures visant à éviter artificiellement le statut d'établissement stable**	▪ L'action 7 appelle à une révision de la définition d'établissement stable, afin d'empêcher le recours à certaines stratégies d'évasion fiscale qui sont actuellement utilisées pour contourner la définition existante, avec l'utilisation, par exemple, des « accords de commissionnaire ».

[40] OECD Forum on Harmful Tax Practices (FHTP).

#	Rubrique	Nature de l'action
8 à 10	**Aligner les prix de transfert calculés sur la création de valeur**	▪ Les actions 8-10 proposent une révision des principes qui s'assurent que les règles en matière de prix de transfert aboutissent à des calculs selon lesquels les bénéfices opérationnels sont attribués aux activités économiques qui les ont générés, ce qui inclut les actifs difficiles à évaluer comme les risques et le capital ainsi que les autres transactions à haut risque.
11	**Mesure et mise en œuvre du projet BEPS**	▪ L'action 11 établit des méthodologies pour collecter et analyser les données sur le BEPS ainsi que d'autres sur les actions pour lutter contre celui-ci. Elle développe des recommandations en ce qui concerne les indicateurs de l'échelle et de l'impact économique du BEPS. Elle s'assure également que des outils de mise en œuvre et d'évaluation de l'efficacité et de l'impact économique des actions pour lutter contre le BEPS soient disponibles.
12	**Règles de communication obligatoire d'informations**	▪ L'action 12 souligne l'intérêt des outils conçus pour améliorer le flux de renseignements sur les risques fiscaux transmis aux administrations et aux responsables de la politique fiscale, et préconise d'élaborer des recommandations concernant la définition d'un régime de communication obligatoire d'informations applicable à des transactions, dispositifs ou

		structures de nature agressive ou abusive, en tenant compte des coûts administratifs encourus par les autorités fiscales et les entreprises et en se référant à l'expérience du nombre croissant de pays ayant adopté de telles règles.
13	**Documentation des prix de transfert et déclaration pays par pays**	▪ L'action 13 contient des normes révisées de documentation des prix de transfert ainsi qu'un formulaire de déclaration pays par pays du chiffre d'affaires, des impôts acquittés et de certaines mesures de l'activité économique.
14	**Accroître l'efficacité des mécanismes de règlement des différends**	▪ L'action 14 élabore des solutions pour lever les obstacles qui empêchent les pays de régler les différends relatifs aux conventions en recourant à la procédure amiable, notamment le fait que la plupart des conventions ne prévoient pas de clause d'arbitrage et que le recours à la procédure amiable et à l'arbitrage peut être refusé dans certains cas.
15	**Convention multilatérale pour la mise en œuvre des mesures relatives aux conventions fiscales pour prévenir le BEPS**	▪ L'action 15 prévoit l'analyse des questions de droit fiscal et de droit international public que pose l'élaboration d'un instrument multilatéral qui permettrait aux pays qui le souhaitent de mettre en œuvre les mesures résultant des travaux sur BEPS.

Source : OCDE.ORG

Les actions 8, 9, 10 et 13 du projet BEPS sont particulièrement portées sur le traitement de la problématique des prix de transfert.

1.2. Les actions 8, 9, 10 et 13 du projet BEPS

Pour ce qui est des actions 8 à 10, les travaux portant sur la problématique des prix de transfert dans le cadre du plan d'action se sont concentrés sur trois domaines d'action principaux.

Rubrique	Objet
Action 8	▪ Les travaux réalisés dans le cadre de l'action 8 ont consisté à examiner les aspects des prix de transfert relatifs aux transactions impliquant **des actifs incorporels,** étant donné qu'une mauvaise attribution des bénéfices produits par des éléments incorporels de valeur a contribué à l'érosion de la base d'imposition et au transfert de bénéfices.
Action 9	▪ Les travaux réalisés dans le cadre de l'action 9 ont consisté à examiner l'attribution contractuelle des risques et la **répartition des bénéfices en résultant, en fonction de ces risques**, qui sont susceptibles de ne pas correspondre aux activités effectivement exercées. Les travaux réalisés dans le cadre de l'action 9 ont également consisté à traiter le niveau de rendement des fonds fournis par un membre d'un groupe multinational détenant une part importante du capital, lorsque ces rendements ne correspondent pas au niveau de l'activité exercée par la société ayant fourni les fonds.

Rubrique	Objet
Action 10	▪ Les travaux réalisés dans le cadre de l'action 10 étaient axés sur **les transactions à haut risque, notamment sur l'importance accordée au traitement des attributions de bénéfices résultant de transactions qui ne sont pas commercialement rationnelles pour les entreprises individuelles concernées** (requalification), à l'utilisation des méthodes de prix de transfert selon des modalités aboutissant au détournement des bénéfices des activités économiquement les plus importantes d'un groupe multinational et à l'opposition à certains types de paiements entre les membres d'un groupe multinational (comme les frais de gestion et les frais de siège) ayant pour effet d'éroder la base d'imposition en l'absence de conformité avec la création de valeur.

Source : Projet OCDE/G20 sur l'érosion de la base d'imposition et le transfert de bénéfices. Rapports finaux 2015

S'agissant de l'action 13 du plan d'action, il consiste à l'élaboration de « règles applicables à la documentation des prix de transfert afin d'accroître la transparence pour l'administration fiscale, en tenant des coûts de discipline pour les entreprises. On pourra notamment imposer aux multinationales de communiquer à tous les pouvoirs publics concernés les informations requises sur leur répartition mondiale du revenu, de l'activité économique et des impôts payés dans les différents pays, conformément à un modèle commun »[41].

[41] Source : Projet OCDE/G20 sur l'érosion de la base d'imposition et le transfert de bénéfices. Rapports finaux 2015, page 47.

Ainsi, dans le cadre de la mise en œuvre de cette recommandation, une approche normalisée portant sur trois niveaux pour la documentation des prix de transfert a été élaborée, tel que :

Niveaux	Exigences documentaires
1	▪ Les orientations relatives à la documentation des prix de transfert prévoient que les entreprises multinationales doivent communiquer aux administrations fiscales des informations générales concernant leurs activités et leur politique de prix de transfert à l'échelle mondiale, au moyen d'un **« fichier principal »**[42] qui serait mis à la disposition de toutes les administrations fiscales des pays concernés.
2	▪ Des renseignements sur les prix de transfert axés sur l'aspect transactionnel doivent également être communiqués au moyen d'un **« fichier local »**[43] spécifique à chaque pays, indiquant les opérations pertinentes entre parties liées, les montants que ces opérations mettent en jeu, et l'analyse par l'entreprise des prix de transfert qu'elle a fixés au titre de ces opérations.

[42] Ou « Master file ».
[43] Ou « Local file » ou « Country file ».

Niveaux	Exigences documentaires
3	▪ Les grandes entreprises multinationales sont tenues de déposer chaque année **une déclaration pays par pays**[44] indiquant pour chacune des juridictions fiscales où elles exercent des activités, le montant de leur chiffre d'affaires, leur bénéfice avant impôts, les impôts sur les bénéfices qu'elles ont acquittés et ceux qui sont dus. Elles doivent également y indiquer leur nombre d'employés, leur capital social, leurs bénéfices non distribués et leurs actifs corporels dans chaque juridiction fiscale. Enfin, elles doivent identifier dans cette déclaration chacune des entités du groupe qui exerce des activités dans une juridiction fiscale donnée et, pour chacune d'elles, indiquer la nature de ces activités.

Source : Projet OCDE/G20 sur l'érosion de la base d'imposition et le transfert de bénéfices. Rapports finaux 2015

Ces propositions techniques de régulation et de contrôle des transactions transfrontalières entre sociétés liées induisent la publication par l'OCDE de guidances identifiées sous l'appellation de « Principes de l'OCDE applicables en matière de prix de transfert à l'intention des entreprises multinationales et des administrations fiscales ». Ces principes, régulièrement mis à jour, constituent les références de base généralement acceptées en tant que cadre de référence pour les documentations de prix de transfert produites par les groupes multinationaux.

[44] Ou Country by country reporting ou « Cbcr ».

Section 2 : Les principes directeurs en matière de prix de transfert

2.1. Présentation des principes directeurs de l'OCDE en matière de prix de transfert

Les principes de l'OCDE encore appelés principes directeurs applicables en matière de prix de transfert fournissent des lignes directrices pour la mise en œuvre du « principe de pleine concurrence ». En matière de prix de transfert, la notion de prix de pleine concurrence prend la forme d'un « consensus international »[45], servant de base à la valorisation, du point de vue fiscal, des transactions transfrontalières intragroupes.

Au vu de l'importance des flux transitant par les firmes multinationales, la problématique des prix de transfert s'inscrit comme un sujet primordial tant pour les administrations fiscales que pour les contribuables.

D'où la nécessité d'élaborer un cadre international formel, à l'appui duquel seraient préparées les documentations des prix de transfert, et sur lequel se fonderaient également les administrations fiscales pour la mise en œuvre de leurs vérifications. Sur ce point, les États « […] doivent s'assurer que les profits imposables des EMN[46] ne sont pas transférés artificiellement hors de leurs juridictions et que les bases fiscales déclarées par les EMN dans leur pays respectif reflètent l'activité économique qui y est entreprise. Pour les contribuables, il est essentiel de limiter les risques de double imposition économique qui peuvent résulter d'un différend entre deux pays sur la détermination d'une rémunération de pleine concurrence pour leurs transactions internationales avec des entreprises associées »[47].

---

[45] OCDE (2022), *Principes de l'OCDE applicables en matière de prix de transfert à l'intention des entreprises multinationales et des administrations fiscales 2022*, Éditions OCDE, Paris, https://doi.org/10.1787/5357f003-fr.
[46] Entreprises multinationales.
[47] OCDE (2022), *Principes de l'OCDE applicables en matière de prix de transfert à l'intention des entreprises multinationales et des administrations fiscales 2022*, Éditions OCDE, Paris, https://doi.org/10.1787/5357f003-fr.

Les principes directeurs de l'OCDE en matière de prix de transfert couvrent notamment les points suivants :

- Un exposé et un guide d'application du principe de pleine concurrence ;
- Les méthodes de prix de transfert ;
- L'analyse fonctionnelle ;
- La documentation en matière de prix de transfert ;
- Des considérations particulières applicables aux actifs incorporels ;
- Des considérations particulières applicables aux services intragroupes ;
- La mise en œuvre des accords de répartition des coûts (ARC) ;
- Les considérations relatives aux prix de transfert dans le contexte de réorganisations d'entreprise ;
- Des instructions portant sur les transactions financières.

2.2. Historique et actualité des principes directeurs

C'est en 1976, que l'Organisation de coopération et de développement économique (OCDE) a adopté pour la première fois les principes directeurs de l'OCDE pour les entreprises multinationales, partie intégrante de la Déclaration sur l'investissement international et les entreprises multinationales.

Depuis la publication de leur version originale, les principes directeurs de l'OCDE ont été complétés par[48] :

- Le rapport sur les droits incorporels et les services, adoptés par le Comité des affaires fiscales le 23 janvier

---

[48] OCDE (2022), *Principes de l'OCDE applicables en matière de prix de transfert à l'intention des entreprises multinationales et des administrations fiscales 2022*, Éditions OCDE, Paris, publié le 20 janvier 2022 (pages 5-6).

1996 [DAFFE/CFA (96)2] dont le Conseil a pris note le 11 avril 1996 [C(96)46], incorporé aux chapitres VI et VII ;

- Le rapport sur les accords de répartition des coûts, adopté par le Comité des affaires fiscales le 25 juin 1997 [DAFFE/CFA(97)27] dont le Conseil a pris note le 24 juillet 1997 [C(97)144], incorporé au chapitre VIII ;
- Le rapport sur les lignes directrices pour le processus de suivi relatif aux principes de l'OCDE applicables en matière de prix de transfert et l'implication des milieux des affaires, adopté par le Comité des affaires fiscales le 24 juillet 1997 [DAFFE/CFA/WD(97)11/ REV1] dont le Conseil a pris note le 23 octobre 1997 [C(97)196], incorporé aux annexes ;
- Le rapport sur les principes de la conclusion d'accords préalables en matière de prix dans le cadre de la coopération amiable adopté par le Comité des affaires fiscales le 30 juin 1999 [DAFFE/ CFA(99)31] dont le Conseil a pris note le 28 octobre 1999 [C(99)138] incorporé aux annexes ;
- Le rapport sur les aspects prix de transfert des réorganisations d'entreprises, adopté par le Comité des affaires fiscales le 22 juin 2010 [CTPA/CFA(2010)46] et approuvé par le Conseil le 22 juillet 2010 [Annexe I au document C(2010)99], incorporé au chapitre IX ;
- Le rapport qui contient les instructions à l'intention des administrations fiscales sur l'application de l'approche relative aux actifs incorporels difficiles à valoriser, adopté par le Comité des affaires fiscales le 4 juin 2018 [CTPA/CFA/NOE2(2018)25t], incorporé aux annexes ; et
- Le rapport qui contient les instructions sur les prix de transfert relatives aux transactions financières, adopté par le Comité des affaires fiscales le 20 janvier 2020 [CTPA/CFA/NOE2(2019)75] incorporé à la section D.1.2.2 du chapitre I et au chapitre X.

En outre, les principes directeurs de l'OCDE ont été modifiés ainsi qu'il suit[49] :

- Mise à jour du chapitre IV, adoptée par le Comité des affaires fiscales le 6 juin 2008 [CTPA/CFA(2008)30/REV1] et par une mise à jour de l'avant-propos et de la préface, adoptée par le Comité des affaires fiscales le 22 juin 2009 [CTPA/CFA(2009)51/REV1] approuvée par le Conseil le 16 juillet 2009 [C(2009)88] ;

- Révision des chapitres I-III, adoptée par le Comité des affaires fiscales le 22 juin 2010 [CTPA/CFA(2010)55] et approuvée par le Conseil le 22 juillet 2010 [Annexe I au document C(2010)99] ;

- Mise à jour de l'avant-propos, de la préface, du glossaire, des chapitres IV-VIII et des annexes, adoptée par le Comité des affaires fiscales le 22 juin 2010 [CTPA/CFA(2010)47] et approuvée par le Conseil le 22 juillet 2010 [Annexe I au document C(2010)99] ;

- Révision de la section E sur les régimes de protection du chapitre IV comportant l'ajout d'une annexe supplémentaire à ce chapitre contenant trois modèles de protocole d'accord pour l'établissement de régimes de protection bilatéraux, adoptée par le Comité des affaires fiscales le 26 avril 2013 [CTPA/CFA(2013)23] et approuvée par le Conseil le 16 mai 2013 [C(2013)69] ;

- Révision des chapitres I, II et V-VIII résultant du Rapport sur les actions 8-10 du projet BEPS, « Aligner les prix de transfert calculés sur la création de valeur » et du Rapport sur l'action 13 du projet BEPS, « Documentation des prix de transfert et Déclaration pays par pays », approuvés par le

[49] OCDE (2022), *Principes de l'OCDE applicables en matière de prix de transfert à l'intention des entreprises multinationales et des administrations fiscales 2022*, Éditions OCDE, Paris, publié le 20 janvier 2022 (pages 6-7).

Conseil le 1er octobre, 2015 [C(2015)125/ADD8 et C(2015)125/ADD11] ;

- Révision du chapitre IX adoptée par le Comité des affaires fiscales le 31 décembre 2016 [CTPA/CFA/NOE2(2016)76] et approuvée par le Conseil le 3 avril 2017 [C(2017)37] ;

- Mise à jour de l'avant-propos, de la préface, du glossaire, des chapitres I-IV et des annexes, adoptée par le Comité des affaires fiscales le 19 mai 2017 [CTPA/CFA/NOE2(2017)21] ;

- Révision de la section C sur la méthode transactionnelle de partage des bénéfices dans la Partie III du chapitre II et des annexes, adoptée par le Comité des affaires fiscales le 4 juin 2018 [CTPA/ CFA/NOE2(2018)24] ;

- Mise à jour de l'avant-propos, de la préface, du glossaire, des chapitres I-IX et des annexes, adoptée par le Comité des affaires fiscales le 7 janvier 2022 [CTPA/CFA/NOE2(2021)52].

À la date de publication du présent guide, ce sont les Principes de l'OCDE applicables en matière de prix de transfert à l'intention des entreprises multinationales et des administrations fiscales publiés en janvier 2022 qui sont applicables.

Chapitre 2 : Le positionnement du Gabon dans le cadre normatif mondial et les règles domestiques en matière de prix de transfert

Ce chapitre traite de la situation du Gabon au regard des accords internationaux à portée fiscale et précisément en matière de prix de transfert d'une part et présente les aspects clés du cadre légal gabonais en matière de documentation des prix de transfert d'autre part.

Section 1 : Insertion du Gabon dans le corpus réglementaire mondial en ce qui concerne les prix de transfert

1.1. Conventions et accords OCDE impliquant le Gabon

Depuis octobre 2012, le Gabon est membre du Forum mondial sur la transparence et l'échange de renseignements à des fins fiscales. Ce Forum est le principal organisme international travaillant à la mise en œuvre des normes internationales en matière de transparence et d'échange de renseignements. En juin 2022, il est signé par 165 pays, dont le Gabon :

Illustration 12 : Membres du Forum mondial sur la transparence et l'échange de renseignements à des fins fiscales

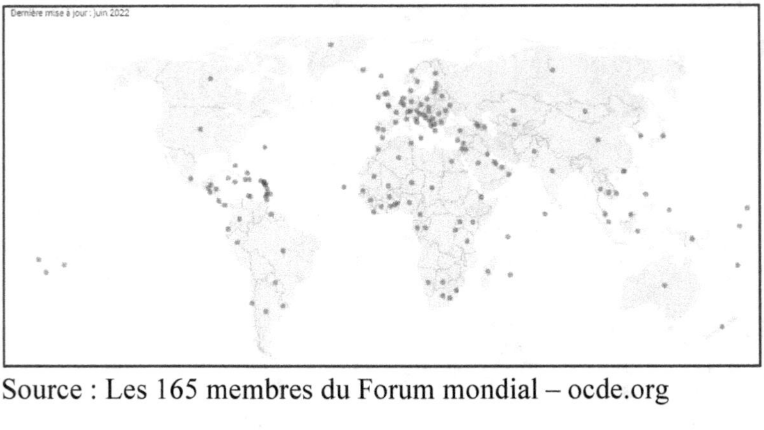

Source : Les 165 membres du Forum mondial – ocde.org

1.2. Adoption indirecte des principes directeurs par le Gabon

Sans y faire référence directement dans la loi, le Gabon se réfère au cadre international, notamment aux principes directeurs en matière de prix de transfert à la suite de son adoption du principe de pleine concurrence comme étalon de base pour la valorisation des transactions internationales intervenant entre sociétés liées et donc pour la détermination des prix de transfert (voir section suivante).

En effet, comme indiqué dans la première partie, le principe de pleine concurrence (PPC) est une norme internationale conceptualisée et mise en place par l'OCDE en matière de prix de transfert à destination de ses États membres, mais aussi aux non-membres en vue d'en faire la référence pour l'encadrement des transactions et la fixation des prix de transfert. Les administrations fiscales le retiennent donc comme norme en référence à l'article 9 du Modèle de convention fiscale de l'OCDE qui dispose que « Lorsque deux entreprises associées sont dans leurs relations commerciales ou financières, liées par des conditions convenues ou imposées, qui diffèrent de celles qui seraient convenues entre entreprises indépendantes, les bénéfices qui, sans ces conditions, auraient été réalisés par l'une des entreprises, mais n'ont pu l'être en fait à cause de ces conditions, peuvent être inclus dans les bénéfices de cette entreprise et imposés en conséquence ».

Par ailleurs, la structure générale (voir section suivante) composant la documentation des prix de transfert au Gabon est assimilable à celle proposée dans les dispositions ressortant de l'action 13 du projet BEPS conduit par l'OCDE. Le Gabon participe par ailleurs aux travaux de l'initiative BEPS depuis sa mise en place.

Sur ces bases, bien que sans l'indiquer distinctement dans le Code général des impôts, il est possible d'établir que le Gabon adopte les principes directeurs de l'OCDE en matière de prix de transfert et est arrimé au plan d'action du projet BEPS.

Section 2 : La nouvelle législation gabonaise en matière de prix de transfert

S'agissant de la problématique des prix de transfert, le Gabon a, à partir de la Loi des finances 2017, opéré une transformation accélérée de son cadre légal. Il convient de relever que l'adoption claire de la notion de pleine concurrence est une des innovations marquantes du renforcement du corpus fiscal en matière de prix de transfert au Gabon.

En effet, bien que le Gabon dispose d'un cadre fiscal en matière de prix de transfert depuis 2009 (bien qu'embryonnaire), la notion de pleine concurrence apparait pour la première fois dans la Loi des finances 2014 et le Code général des impôts (CGI) 2015 au sous-point 4 du paragraphe 2 de l'article P-831 bis, l'article P-831 bis Al 11 du Code général des impôts de 2017[54] qui dispose que « tout contribuable doit s'efforcer de déterminer des prix de transfert à des fins fiscales conformément au principe de pleine concurrence [...] ».

L'administration fiscale gabonaise suit donc avec une attention accrue les opérations réalisées par les sociétés dépendant de sa juridiction avec leurs parties liées.
C'est ainsi que le 22 juin 2017, une instruction fiscale dédiée a été publiée par l'administration fiscale gabonaise sur les prix de transfert. Cette instruction précise notamment les modalités relatives aux respects des obligations déclaratives en matière de prix de transfert en République gabonaise (nous reviendrons de façon plus détaillée sur ces modalités dans la Partie 3).

Dans le sillage de cette disposition, plusieurs autres règles dédiées au sujet des prix de transfert ont été introduites dans la loi de façon successive et dont les principales sont reprises ci-dessous.

[54] Quoique sans en fournir la définition explicite.

2.1. Les obligations documentaires en matière de prix de transfert

Contribuables entrant dans le champ des prix de transfert
Les contribuables dont les opérations entrent dans le champ des obligations en matière de prix de transfert sont précisées à l'article 12 du CGI. En effet, le Code des impôts dispose que pour les sociétés qui sont sous la dépendance, de droit ou de fait, d'entreprises ou groupes d'entreprises situés hors du Gabon, ou pour celles qui possèdent le contrôle d'entreprises situées hors du territoire national, les paiements ou dépenses effectués par quelque moyen que ce soit ou toute forme d'avantages ou d'aides accordés à des tiers sans contrepartie équivalente pour l'entreprise, assimilables à des actes anormaux de gestion, constituent des transferts de bénéfices passibles de l'impôt sur les sociétés.
Et en conséquence (alinéa 1), aux fins de l'établissement de l'impôt sur les sociétés dû par ces sociétés, les bénéfices indirectement transférés à des sociétés liées soit par la majoration ou diminution des prix d'achat ou de vente, soit par sous-capitalisation, soit par tout autre moyen, seront incorporés aux résultats accusés par les comptabilités[55].

Cas particuliers des échanges avec des États ou territoire non coopératif ou à fiscalité privilégiée
Dans la législation gabonaise en matière de prix de transfert, il y a un lien de dépendance systématique présumé dès lors qu'il y a une transaction avec une société située dans un État étranger ou dans un territoire situé hors du Gabon dont le régime fiscal est privilégié, ou dans un pays non coopératif.
D'ailleurs, lorsque de tels flux sont identifiés, à la documentation de base en matière de prix de transfert, s'ajoute l'obligation de fournir une documentation complémentaire[56] comprenant l'ensemble des documents qui sont exigés des sociétés passibles de l'impôt sur les sociétés, y compris le bilan et le compte de résultat.

---

[55] Se référer à l'article 12 du CGI, point 1.
[56] Se référer à l'article P-831 quater du Code des impôts.

Il convient de préciser que dans la réglementation fiscale gabonaise, une personne est considérée comme soumise à un régime fiscal privilégié dans l'État ou le territoire considéré, si elle n'y est pas imposable ou si elle y est assujettie à des impôts sur les bénéfices où les revenus dont le montant est inférieur de plus de la moitié à celui de l'impôt sur les bénéfices ou sur les revenus dont elle aurait été redevable dans les conditions de droit commun au Gabon, si elle y avait été domiciliée ou établie[57].

En outre, sont considérés comme non coopératifs, les États et les territoires qui ne se conforment pas aux standards internationaux en matière de transparence et d'échange d'informations dans le domaine fiscal, de manière à favoriser l'assistance administrative nécessaire à l'application de la législation fiscale gabonaise. La liste desdits États est fixée par décision du ministre chargé des Finances[58].

À titre indicatif, les pays et territoires non coopératifs à des fins fiscales selon la liste de l'UE sont les suivants[59] :

- Samoa américaines ;
- Anguilla ;
- Bahamas ;
- Costa Rica ;
- Fidji ;
- Guam ;
- Palaos ;
- Panama ;
- Russie
- Samoa ;
- Trinité-et-Tobago ;
- Îles Marshall ;

---

[57] Voir l'article 13 du CGI, alinéa 5.

[58] Article 13 du CGI, alinéa 6.

[59] État de la liste à partir du 12 octobre 2022, suite à la communication et information C 391 au *Journal officiel* de l'UE du 12/10/2022, complété par le Communiqué de presse du 14 février 2023.

- Îles Turks-et-Caïcos ;
- Îles Vierges américaines ;
- Îles Vierges britanniques ;
- Vanuatu.

Seuil pour la déclaration des prix de transfert
À la différence de la déclaration pays par pays, il n'y a pas pour la déclaration de prix de transfert, un seuil d'assujettissement aux obligations déclaratives. Dans ce contexte, les dispositions relatives aux prix de transfert trouvent leur application dès l'instant qu'un seul flux (ou renonciation à un flux qui aurait dû être facturé) transfrontalier avec une partie liée est identifié.

En synthèse, entrent dans le champ des prix de transfert, les transactions suivantes :

- Toutes transactions transfrontalières de vente de biens et/ou de services réalisés avec une entreprise liée ;
- Toute forme d'avantages ou d'aides accordés à des tiers sans contrepartie équivalente pour l'entreprise, assimilables à des actes anormaux de gestion dans les transactions internationales ;
- Tous les flux avec une entité domiciliée dans un pays à fiscalité privilégiée ou un État non coopératif ;

En outre, est visée par les redressements de l'administration fiscale, toute situation mettant en évidence un transfert de bénéfice au moyen :

- de la majoration du prix d'achat ou de vente d'un bien et/ou d'un service ;
- de la minoration du prix d'achat ou de vente d'un bien et/ou d'un service ;
- de la pratique de taux d'intérêt réduits ou majorés ;
- de la pratique des prix excessifs pour les redevances et autres rémunérations ;

- des opérations réalisées avec une filiale maintenue par le groupe dans une situation de sous-capitalisation ;
- de la prise en charge des frais de gestion excessifs ou fictifs ;
- des opérations explicitement réalisées à des prix n'entrant pas dans les intervalles de tarifs du marché sur des transactions comparables ;
- de la facturation de transactions non effectives (inexistantes) ;
- de l'abandon de créance ou renonciation à des recettes ;
- d'opérations diverses de compensation ;
- etc.

Les obligations déclaratives en matière de prix de transfert au Gabon

En référence à l'article P-831 du Code général des impôts, au début de chaque exercice fiscal, chaque entreprise est tenue de faire parvenir à l'administration des informations et documents précisant :

- La nature des relations entrant dans le cadre des dispositions de l'article 12 du Code général des impôts, entre cette entreprise et une ou plusieurs sociétés ou groupements exploités ou établis au Gabon et/ou à l'étranger ;
- La méthode de détermination des prix des opérations de nature industrielle, commerciale ou financière qu'elle effectue avec des entreprises, sociétés ou groupements liés et les éléments qui justifient ainsi que, le cas échéant, les contreparties consenties ;
- Les activités exercées par les entreprises, sociétés ou groupements liés aux opérations entrant dans le champ des prix de transfert ;

- Le traitement réservé aux opérations réalisées par les entreprises, sociétés ou groupements qu'elle exploite ou contrôle hors du Gabon ou par les sociétés ou groupements qui détiennent, directement ou indirectement, la majorité de son capital ou des droits de vote au sein de ses organes.

En ce qui concerne le contenu de la documentation à soumettre à la direction générale des impôts, l'article P-831 bis du CGI précise que la personne morale établie au Gabon est tenue de mettre à la disposition de l'administration fiscale une documentation permettant de justifier la politique de prix pratiquée dans le cadre de transactions de toute nature réalisées avec des entreprises associées établies à l'étranger.

Cette documentation comprend[60] :

- Le fichier principal ;
- Le fichier local.

Le contribuable doit, par ailleurs, déposer auprès de l'administration, et conformément à l'instruction N° 001/MEPPD/SG/DGI/DLC du 22 juin 2017 relative aux obligations documentaires et déclaratives en matière de prix de transfert, les formulaires fiscaux prévus par la direction générale des impôts à savoir :

- Le formulaire *déclaration pays par pays numéro 1* ou « DPP01 »[61] ;
- Le formulaire *déclaration pays par pays numéro 2* ou « DPP02 »[62] ;
- Le formulaire *déclaration des prix de transfert numéro 1* ou « PT01 » (qui accompagne le fichier principal ou « Master file ») ;
- Le formulaire *déclaration des prix de transfert numéro 2* ou « PT02 » (qui accompagne le fichier local ou « Local file ») ;

---

[60] Nous revenons plus en détail sur ses éléments et leur composition.

[61] Voir pour l'usage de ce formulaire, nos commentaires sur l'actualité de la déclaration CbCr au Gabon.

[62] Voir pour l'usage de ce formulaire, nos commentaires sur l'actualité de la déclaration CbCr au Gabon.

Date de dépôt de la déclaration
Le fichier principal ainsi que le fichier local doivent être finalisés et déposés auprès de l'administration au plus tard à la date limite de dépôt de la déclaration fiscale pour l'exercice fiscal considéré, soit au 30 avril n + 1[63].
Cette documentation ne se substitue pas aux justificatifs afférents à chaque transaction.

Forme et langue de la déclaration des prix de transfert
Aux termes de l'article P-831 bis du CGI, neuvième alinéa, les contribuables doivent présenter leur déclaration sous forme dématérialisée, dans la langue officielle de la République gabonaise. Si la documentation est tenue en langue étrangère, ils doivent en fournir une traduction certifiée par un traducteur assermenté.

Sur ce point, selon l'article 2 de la Constitution du 23 juillet 1995, « la République gabonaise adopte le français comme langue officielle. [...] ».

Cependant, compte tenu de l'adhésion récente du Gabon au Commonwealth en juin 2022, et même si le Gabon n'est (a priori) pas soumis à l'obligation d'adopter l'anglais comme 2e langue officielle, il n'est pas impossible que certains contribuables soient réfractaires à la traduction intégrale de leur documentation au vu de cette actualité.

2.2. La déclaration pays par pays (ou Country by country reporting ou « CbCr »)

Seuil pour la déclaration CbCr
Le dépôt d'une déclaration pays par pays est exigible dès l'instant où le chiffre d'affaires annuel, hors taxe, consolidé de l'exercice

[63] Art. P-831 bis du Code général des impôts, alinéas 4 et 6.

précédent est supérieur ou égal à 491 967 750 000 FCFA[64] (ou 750 millions d'euros)[65].

Qui peut procéder à la déclaration pays par pays ?

D'une manière générale, la déclaration CbCr est faite par la société tête du groupe multinational. Cependant, le groupe peut distinctement désigner une autre société en charge de répondre à cette obligation fiscale.

Dans quel cas le dépôt d'une déclaration pays par pays peut être fait par une filiale gabonaise ?

Aux termes de l'article P-831 ter, alinéa 8 du CGI, une entité membre du groupe d'entreprises multinationales établie au Gabon qui est détenue ou contrôlée, directement ou indirectement, par une autre entité établie dans un État ou territoire étranger est tenue de déposer une déclaration pays par pays dans les délais légaux, si l'une des conditions suivantes est remplie :

- Elle a été désignée par le groupe à cette fin et en a informé l'administration fiscale ;

- L'entité mère ultime du groupe n'est pas tenue de déposer une déclaration pays par pays dans sa juridiction de résidence fiscale ;

- La juridiction où réside l'entité mère ultime a conclu un accord international mais n'a pas d'accord éligible avec le Gabon pour l'échange de la déclaration pays par pays ;

- La juridiction de résidence fiscale de l'entité mère ultime a suspendu l'échange automatique, ou a négligé de façon persistante de transmettre automatiquement au Gabon, les déclarations pays par pays en sa possession.

Dans ce contexte, il est important de noter que la société gabonaise n'est pas tenue de déposer la déclaration pays par pays si elle peut démontrer qu'une autre entité du groupe, considérée comme entité mère de substitution située dans une juridiction

---

64 Se référer à l'article P-831 ter, successivement modifié par la L.F.2017, la L.F.R.2017 et la L.F.2018.

65 Qui correspond également au seuil de déclenchement en France.

ayant signé avec le Gabon un accord éligible portant sur l'échange des déclarations pays par pays, a été désignée à cette fin.
C'est dans ce cadre, notamment que s'inscrit le dépôt du formulaire fiscal codifié « DPP01 ».

Actualité des obligations relatives à la déclaration pays par pays

Selon l'alinéa 7 de l'article P-831 ter, la déclaration pays par pays est établie au titre des exercices fiscaux imposables des groupes d'entreprises multinationales ouverts à compter du 1er janvier 2017.
Il est utile de savoir, à la date du présent guide, que les obligations en matière de CbCr sont suspendues au Gabon. Ce point a fait l'objet d'une circulaire du directeur général des impôts.
Ce sujet peut nécessiter d'être inscrit distinctement dans une Loi des finances pour une parfaite information des contribuables.

2.3. Quelques aspects essentiels du contrôle fiscal des prix de transfert

- **Les bases de redressements de l'administration fiscale**

Si le contribuable a fourni l'ensemble de la documentation des prix de transfert, l'administration fiscale réalise ses opérations de vérification et peut notifier des redressements que le contribuable est libre de contester dans le cadre d'une procédure de redressement contradictoire ou selon la procédure dite d'abus de droit[66].
Cependant, dans la situation d'un contribuable qui ne fournit pas de réponse à une demande écrite formulée par l'administration ou en cas d'absence de production ou de production partielle de la documentation des prix de transfert, les bases d'imposition concernées par la demande sont évaluées par l'administration à

[66] Voir nos commentaires de la section « Charge de la preuve » *infra*.

partir des éléments dont elle dispose[67], c'est-à-dire au moyen soit de la comparaison avec ceux des entreprises similaires exploitées normalement, soit de l'appréciation du niveau de profit[68]. Ce dernier point est assimilable à une taxation d'office ou forfaitaire.

- **La durée du contrôle**

D'ordinaire, dans le contexte d'une vérification de comptabilité, les opérations de contrôle sur place ne peuvent excéder douze mois à compter de la notification au contribuable de l'avis de vérification. Toutefois, aux termes de l'article P-869 du Code général des impôts et en matière de prix de transfert, dès l'instant où l'étendue des recherches ou les circonstances l'exigent, les opérations de contrôle sur place peuvent excéder douze mois.

- **La charge de la preuve en matière de prix de transfert**

La charge de la preuve dans le déroulement et la conclusion d'un contrôle des prix de transfert est un aspect clé dans le contexte d'un contrôle fiscal. En effet, la partie qui supporte cette charge est réputée être en position de faiblesse dans la mesure où les éléments documentaires ou physiques, le niveau de détail souhaité, sont parfois difficiles à fournir. Ceci est d'autant plus vrai pour les prix de transfert où plusieurs opérations sont réalisées sur le fondement d'actifs incorporels, de droits, d'avantages non monétaires, de services dont la quantification peut être complexe, etc.

Traditionnellement, en fiscalité, il revient en principe à l'administration fiscale de démontrer que la base imposable déterminée par le contribuable est incorrecte. Cependant, dans certains cas, il peut y avoir renversement de la charge de la preuve.

Aussi, nous pouvons relever que la situation est variable que l'on soit dans la situation d'un redressement contradictoire, d'une procédure de taxation d'office ou d'une procédure d'abus de droit.

---

[67] Se référer aux termes de l'article 12 du CGI (L.F.R.2017) en ses alinéas 4 et 5.

[68] Article P-860 du Code général des impôts.

Pour ce qui est de la procédure de redressement contradictoire, la charge de la preuve incombe à l'administration tel que prescrit par l'article P-846 du Code général des impôts.

S'agissant d'une taxation d'office, réalisée en conformité avec les exigences de l'article P-860 du CGI qui dispose qu'à défaut d'éléments précis pour opérer les redressements en matière de prix de transfert, les produits imposables sont déterminés selon la méthodologie la plus appropriée, notamment l'une des méthodes ci-après : la comparaison avec ceux des entreprises similaires exploitées normalement et l'appréciation du niveau de profit. Le contribuable, qui conteste les redressements opérés par l'administration dans les conditions ci-dessus présentées, a la charge de prouver que les redressements préconisés sont infondés ou exagérés. Ce traitement est similaire à celui indiqué aux articles P-854 et P-1042 du Code des impôts.

Pour ce qui est de la procédure de l'abus de droit[69], l'article P-855 du CGI dispose que toute opération conclue sous la forme d'un contrat ou d'un acte juridique quelconque dissimulant une réalisation ou un transfert de bénéfices ou revenus effectués directement ou par personnes interposées n'est pas opposable à l'administration des impôts qui a le droit de restituer à l'opération son véritable caractère et de déterminer, en conséquence, les bases des impôts, droits et taxes en cause.

Dans cette situation, en cas de réclamation devant la juridiction contentieuse, la charge de la preuve incombe à l'administration. Il est donc dans l'intérêt du contribuable, d'un point de vue de l'administration et de la charge de la preuve, d'éviter toute situation de taxation d'office ou forfaitaire.

---

[69] Par définition, l'abus de droit concerne les situations où le contribuable a volontairement dissimulé à l'administration fiscale la véritable nature d'une opération. Ce point peut concerner trois pratiques : 1/ Les actes purement fictifs, c'est-à-dire mensongers. Il s'agit d'une simulation opérée pour se soustraire en totalité ou en partie à l'impôt (= abus de droit par simulation) ; 2/ Les actes qui ont pour motif exclusif d'éluder ou d'atténuer les charges fiscales (TVA, droits de succession, etc.). Traditionnellement, l'administration fiscale qualifie cet abus de droit en fraude à la loi (= abus de droit par fraude à la loi) ; 3/ Les actes qui ont pour motif principal d'éluder ou d'atténuer les charges fiscales que l'intéressé, si ces actes n'avaient pas été passés ou réalisés, aurait normalement supportées eu égard à sa situation ou à ses activités réelles. [Https://impots-societes.ooreka.fr/]

- **La procédure amiable et son effet suspensif**

Lorsqu'un contribuable estime que les redressements notifiés par l'administration fiscale entrainent une situation de double imposition sur le fondement d'une convention fiscale bilatérale ou multilatérale, il peut déclencher une procédure amiable. Cette action a pour effet de suspendre le cours du délai d'établissement de l'imposition correspondante à partir de la date d'ouverture de la procédure amiable jusqu'à trois mois après la notification au contribuable de l'accord ou du constat du désaccord intervenu entre les autorités compétentes des pays impliqués par les conventions sur le fondement desquelles a été ouverte la procédure.

- **Délai de reprise**

D'une manière générale (en dehors des situations criminelles), et comme l'indique l'article P-862 du code des impôts, les omissions totales ou partielles constatées dans l'assiette de l'impôt, les insuffisances et inexactitudes ou les erreurs d'imposition peuvent être réparées par l'administration jusqu'à la fin de la **quatrième année** suivant celle au titre de laquelle l'impôt ou la taxe est dû.

Cependant, en matière de prix de transfert et en référence à l'article P-878 du Code général des impôts, les omissions ou insuffisances d'imposition peuvent être réparées, même si le délai initial de reprise est écoulé, jusqu'à la fin de l'année qui suit celle de la réponse à la demande et au plus tard jusqu'à la fin de la **cinquième année** qui suit celle au titre de laquelle l'imposition est due, lorsque l'administration a, dans le délai initial de reprise, demandé à l'autorité compétente d'un autre État ou territoire des renseignements concernant :

- Soit les relations d'un contribuable qui entrent dans les prévisions des articles 12 et suivants du CGI avec une entreprise, une société ou un groupement exploitant une activité ou établi dans cet État ou ce territoire ;

- Soit les biens, les avoirs ou les revenus dont un contribuable a pu disposer au Gabon ou à l'étranger ou les activités qu'il a pu y exercer ;

- Soit ces deux catégories de renseignements.

2.4. Les sanctions fiscales relatives au non-respect des obligations déclaratives

Sans préjudice des redressements qui pourraient être opérés par l'administration fiscale dans le contexte d'un contrôle fiscal, les sanctions ci-dessous sont applicables aux contribuables en cas de défaut de production ou dans le cas d'une production partielle de la documentation sur les prix de transfert :

- Le non-respect des obligations documentaires en matière de prix de transfert expose l'entreprise concernée à une pénalité égale à 5 % du montant global des échanges intragroupes de la société avec un minimum de 65 000 000 FCFA par exercice fiscal[70].

- En matière de CbCr, le défaut de production ou production partielle de la déclaration pays par pays expose l'entreprise concernée à une pénalité égale 0,5 ‰ (0,5 pour mille) du chiffre d'affaires consolidé hors taxe, plafonné à 100 000 000 FCFA par exercice fiscal[71].

Il convient cependant de préciser, en conformité avec les termes de l'article P-831 bis (Al.10) du Code général des impôts, que si la documentation requise n'est pas mise à disposition par le contribuable à la date indiquée, ou ne l'est que partiellement, l'administration fiscale peut adresser à la personne morale visée une mise en demeure de la produire ou de la compléter en précisant la nature des documents ou compléments attendus par celle-ci. Le contribuable dispose dans ce contexte d'un délai de soixante jours (60 jours) pour se mettre en conformité avec les attentes de l'administration fiscale gabonaise.

[70] Art. P-1010 bis. – (L.F.2017) du Code général des impôts.
[71] Art. P-1010 ter. – (L.F.2017) du Code général des impôts.

Chapitre 3 : Les méthodes acceptables pour justifier les prix de transfert et leur cadre d'application recommandé

Ce chapitre vise à fournir une compréhension minimum des composantes des méthodes de détermination des prix de transfert, les transactions auxquelles elles sont traditionnellement rattachables, les principaux avantages et limites des approches présentées. Il présente les méthodes envisageables par les entités pour la justification du caractère de pleine concurrence des rémunérations déterminées dans leurs transactions intragroupes. Le choix des méthodes doit bien entendu être cohérent avec la nature de l'opération. Il s'ensuit que toutes les méthodes ne sont pas applicables à toutes les transactions et donc qu'il est nécessaire de développer une connaissance suffisante des méthodes et de leurs caractéristiques respectives dans le cadre de la production de la documentation des prix de transfert[72].
Ainsi, d'une manière générale, les méthodes de prix de transfert peuvent être rangées en trois principales catégories, à savoir : les méthodes traditionnelles, les méthodes transactionnelles et les autres méthodes.

Section 1 : Les méthodes dites traditionnelles ou fondées sur les transactions

En référence au § 2.3 du chapitre 2 des principes directeurs de l'OCDE, les méthodes dites traditionnelles ou fondées sur les transactions sont au nombre de trois, à savoir :

- La méthode du prix comparable sur le marché libre (ou *Comparable Uncontrolled Price Method* « CUP ») ;
- La méthode du prix de revente minoré (ou *Resale Minus Method*) ;

[72] Ce point est traité au chapitre II, des Principes de l'OCDE applicables en matière de prix de transfert à l'intention des entreprises multinationales et des administrations fiscales 2022.

- La méthode du coût de revient majoré (ou *Cost Plus Method*).

Nous présentons dans cette section, leur définition, les principaux avantages, leurs limites et leur contexte d'application préférentielle.
Ces trois méthodes sont considérées par l'OCDE comme étant les plus directes et donc comme les plus simples d'application.

1.1. La méthode du prix comparable sur le marché libre

1.1.1 Présentation de la méthode

La méthode du prix comparable sur le marché libre (ou Comparable Uncontrolled Price, ou « CUP ») consiste à fixer un prix de transfert par comparaison avec le prix d'une même transaction réalisée entre des sociétés indépendantes. Un tel prix pouvant être considéré comme un prix de marché.

1.1.2 Les principaux avantages de la méthode CUP

Le recours à un prix d'une transaction identique intervenue entre sociétés indépendantes constitue pour l'OCDE la voie la plus directe pour évaluer les prix de transfert, « toute différence entre le prix pratiqué pour une transaction contrôlée et celui pratiqué pour une transaction comparable sur le marché libre peut normalement être imputée directement aux relations commerciales et financières accordées ou imposées entre entreprises liées. »

La CUP a donc l'avantage principal de donner directement le prix de transfert alors que les autres méthodes préconisées par le rapport OCDE visent à déterminer en premier lieu une rémunération, le plus souvent à travers un niveau de marge brute ou nette[73].

[73] https://prixdetransfert.com/methodes/

1.1.3 Les limites de l'approche

La principale limite, qu'il est possible de trouver à cette méthode, est qu'elle nécessite une comparabilité presque parfaite entre les transactions. Ce qui est, d'un point de vue pratique, assez difficile[74].

Sur ce point, la similarité/comparabilité des opérations doit porter sur les éléments suivants :

Éléments de comparabilité	▪ Les produits (biens ou services) qui doivent être fortement similaires, toute différence pouvant influencer le prix d'une transaction ; ▪ Le volume (ou le chiffre d'affaires) des transactions ; ▪ La politique des « ristournes » ; ▪ Les clauses contractuelles, qui reflètent les fonctions et les risques supportés par les parties (garantie, transport…) ; ▪ Le niveau de commercialisation (positionnement dans la chaîne de commercialisation : grossiste, détaillant…) ; ▪ La date de la transaction ; ▪ Le marché géographique (le marché français devra être privilégié, cependant en raison de l'homogénéité du marché de l'Europe de l'Ouest, celui-ci pourrait également, le cas échéant, être considéré comme pertinent) ; ▪ Les incorporels impliqués dans la transaction.

Source : https://prixdetransfert.com

Il peut convenir, à cette étape, d'insister sur la notion d'ajustement de comparable. En effet, la parfaite comparabilité des conditions de production ou d'échange d'un bien ou d'un

[74] « Les comparables presque parfaits sont rares, mais de plus, du fait du secret des affaires, ils sont rarement connus ». https://prixdetransfert.com/methodes/

service est peu réaliste. Dans ce cas, on se borne en réalité à vérifier que les paramètres sont très proches ou fortement similaires.

Dans certains cas, il peut exister des différences notables dans les situations respectives des entreprises. Dans ce contexte, l'OCDE admet la possibilité d'appliquer des « correctifs économiques » afin de faciliter l'« homogénéisation » des opérations à comparer. L'ajustement peut porter sur le prix (si la comparaison est faite directement avec un prix pratiqué entre des entreprises indépendantes) ou se faire au niveau de la marge[75].

Dans le premier cas, les ajustements peuvent concerner le retraitement du poids relatif des frais douaniers, les coûts salariaux, des particularités fiscales (ou parafiscales), la qualité des intrants, etc. ;

Dans le second cas, il est nécessaire d'opérer un examen approfondi des coûts éligibles à de tels retraitements (coûts directs, coûts indirects, dépenses d'exploitation)[76] avant de dégager un niveau de marge « comparable ».

1.1.4 Dans quels cas peut-on l'appliquer ?

Traditionnellement, la CUP est retenue pour :

- Les comparables internes (lorsque la société qui fait l'objet de l'examen a effectué la même transaction avec une société liée et avec une société indépendante),

---

[75] Voir ici la méthode Cost plus traitée au § 3 de la présente section et la méthode de la TNMM traitée en section 2 du présent chapitre.

[76] Sur ce point, selon l'OCDE, les coûts directs et indirects de productions sont limités à la détermination/comparaison sur les marges brutes (méthode dite Cost Plus), tandis que les coûts d'exploitation (les dépenses de contrôle, les frais généraux, les charges administratives) sont adjoints aux premières catégories de coûts pour la détermination/comparaison au niveau des marges nettes (voir MTMN ou « TNMM » en anglais). Voir aussi Dossier Pratique *Prix de transfert : Détermination, Justification et gestion des différends, problématiques connexes* (Xavier Daluzeau, Stéphane Gelin, Bruno Bibert et Arnaud Le Boulanger), éditions Francis Lefebvre, 3e édition, septembre 2016.

- Les produits « couramment » vendus sur le marché (pneus, électroménagers, etc.),
- Les produits échangés sur des marchés cotés,
- Les redevances (marques, brevets, licences…).

1.1.5 Exemples de détermination d'un prix de transfert sur la base de la CUP

Cas 1 :

Si on prend le cas d'une société A qui produit et commercialise auprès de ses filiales des stylos à bille. Par comparaison avec les prix pratiqués par des sociétés indépendantes, on relève qu'un Groupe B concurrent cède à ses filiales la même nature de stylos à 65 francs CFA l'unité, qu'un Groupe C le cède à 63 francs CFA et un autre Groupe D le vend à 75 francs. Ce modèle de stylo est en moyenne vendu sur le marché à 100 francs CFA.

S'il est possible d'établir que les situations des producteurs sont similaires, le prix de concurrence peut être considéré comme appartenant à l'intervalle de 63 à 75 francs CFA. Dans ce contexte, sur la base de l'application de la CUP, le prix de cession du stylo aux filiales du Groupe A peut être compris dans cet intervalle.

En revanche, s'il est relevé que dans le pays de localisation des ventes à 75 francs CFA, il existe des mesures protectionnistes (douane, parafiscalité, etc.), il peut être nécessaire d'en analyser l'impact, d'appliquer les ajustements nécessaires et ramener l'intervalle de prix à des situations les plus proches possible. Dans ce cadre, l'intervalle de détermination du prix peut être ramené entre 63 francs CFA et 66 francs CFA, par exemple.

Cas 2 :

La société « Manga » est la filiale d'un groupe italien spécialisé dans la logistique portuaire. La société mère facture à Manga une redevance de marque dont le calcul est basé sur le chiffre d'affaires annuel.

Les analyses de benchmark montrent que pour des transactions similaires, le taux de redevance se situe entre 1,5 % et 4 % du chiffre d'affaires.

Le taux retenu pour les facturations à Manga est de l'ordre de 2 % de son chiffre d'affaires annuel. Ce taux déterminé sur une approche CUP peut être qualifié de pleine concurrence.

Cas 3 :

L'entreprise gabonaise « Elone » est la plus stratégique des filiales d'un groupe hollandais spécialisé dans les énergies vertes.

Pour le lancement de ses opérations au Gabon, le groupe a consenti à la société gabonaise des montants significatifs d'avance en comptes courants. Pour encadrer l'opération, le groupe a fait établir une convention de trésorerie avec la société gabonaise, dans laquelle le groupe facture à la filiale des intérêts. Les intérêts pratiqués sont déterminés sur la base du taux EONIA à 2 mois[77]. Ce taux qui est un taux de marché (et donc non contrôlé) est donc déterminé sur la base de la CUP.

À l'échelle du Gabon, il peut être utile de démontrer que le taux appliqué pour de telles transactions reste inférieur à la limite de déductibilité fiscale à l'IS, soit le taux des avances de la BEAC plus 2 points[78].

1.2. La méthode du prix de revente

1.2.1 Présentation de la méthode

La méthode du prix de revente consiste à soustraire du prix de revente final à une entreprise indépendante la marge brute que doit dégager la société liée au regard des fonctions assumées et des risques encourus.

1.2.2 Les principaux avantages de la méthode

Le principal atout de cette méthode est sa simplicité d'application.

---

[77] De l'anglais « Euro Overnight Index Average », le taux EONIA est le taux de référence pour les opérations de prêt interbancaires au jour le jour pratiqué dans la zone euro.

[78] S'assurer de l'usage du TIAO (taux d'intérêt des appels d'offres) pour le court terme ou du TIPP (taux d'intérêt des prises en pension) pour les opérations à plus long terme.

L'analyse et le *benchmarking* peuvent être réalisés à partir de la consultation de bases de données commerciales, ou spécialisées[79].

1.2.3 Dans quel cas peut-on l'appliquer ?

Selon l'OCDE, la méthode *Resale minus* est particulièrement indiquée pour les opérations de commercialisation, notamment pour les activités de distribution.

1.2.4 Les limites de l'approche

Pour ce qui est des limites de la méthode, il faut noter que son application est très restrictive, ou réduite aux activités de distribution.

En théorie, la méthode est appliquée transaction par transaction. Cependant, au regard d'une part, de la volumétrie des analyses à produire par flux et en l'absence de comparables internes d'autre part, d'une manière générale, le taux de marge à défalquer est calculé de manière globale à l'échelle de toute entreprise ou en fonction d'un segment, d'une branche. Le taux considéré comme de pleine concurrence sera quant à lui la résultante des travaux de *benchmarking* avec d'autres entreprises indépendantes ayant une activité similaire.

---

[79] Exemple : Bloomberg (Données sur les marchés financiers), Osiris (Informations financières sur les sociétés (cotées), Orbis/ Amadeus/ Oriana/ Diane (Informations financières sur les sociétés (non cotées et cotées), Royalty Connection (Contrats de licence d'actifs incorporels, source : SEC), ktMine IP (Contrats de licence d'actifs incorporels et taux de redevance), RiskCalc Plus (Modèles de risques de crédit – notation de crédit –), etc.

1.2.5 Exemples de détermination d'un prix de transfert sur la base de la méthode Resale minus

Cas 1 :

Un hypermarché situé à Libreville et appartenant à un groupe français n'exerce que des opérations de routine liées à son activité de distribution. Son chiffre d'affaires sur les ventes au comptant et à terme s'élève à 3 milliards de francs CFA.

On considère par simplification qu'elle acquiert l'essentiel de son stock auprès du groupe et donc en transfert.

On fait l'hypothèse que l'analyse de comparabilité[80] permet de relever que la marge de pleine concurrence de cette activité est comprise dans l'intervalle de 40 à 60 % avec une médiane à 50 %.

On peut ainsi déduire le prix d'achat de pleine concurrence comme le résultat de l'égalité suivante : 3 000 000 000[81] – (3 000 000 000 * 50 %)[82] = 1 500 000 000 francs CFA.

Dans ce contexte et dans l'hypothèse d'un contrôle, l'administration peut s'attacher à vérifier que le coût global des marchandises vendues et acquises par transfert (hors autres frais d'acquisition ou d'approche, dont douanes, fret, transport, assurance, etc.) n'excède pas le montant de 1,5 milliard de francs CFA. Tout écart significatif serait, dans ce cas, à investiguer et à documenter. Ce traitement permet de vérifier par la réciproque que la marge est bien de pleine concurrence.

L'analyse du corridor de la marge permet d'éviter la mise en œuvre de ce calcul flux par flux (par type de marchandises/biens acquis auprès de sociétés liées), bien que cette approche plus fine produise, a priori, des résultats plus précis.

---

[80] Faite, par exemple, à partir de la consultation des bases de données spécialisées.

[81] Reflète le prix effectif pratiqué auprès des acheteurs finaux.

[82] Reflète la « marge moyenne de pleine concurrence ».

Il faut noter que si dans notre cas, l'hypermarché situé à Libreville exerce, au regard de l'analyse fonctionnelle, des fonctions plus étendues, supporte des risques importants, ou emploie les actifs les plus sensibles, en un mot que par ses activités, elle ajoute de la valeur aux produits vendus, il conviendrait d'appliquer des ajustements aux comparables retenus dans l'hypothèse de base.

Le niveau de marge de pleine concurrence peut également être retraité si les ventes de certains produits sont assorties de conditions d'exclusivité et donc potentiellement rattachées à des coûts spécifiques.

Cas 2 :

La société « Onero » commercialise au Gabon des produits de quincaillerie et pneumatique qu'elle acquiert auprès de sa société mère située à Monaco. Sur le segment pneumatique des engins, la marge de pleine concurrence oscille entre 30 et 40 %.

Sur ce rayon, Onero vend en moyenne pour 750 millions de francs CFA auprès de sociétés de BTP gabonaises.

Si on fixe la marge médiane à 35 %, sur ce segment, le prix d'achat des pneus d'engins vendus devrait avoisiner la somme de : [750 000 000 – (750 000 000 * 35 %)] = 262 500 000 francs CFA pour la période contrôlée.

1.3. La méthode du coût de revient majoré

1.3.1 Présentation de la méthode

Cette méthode consiste à calculer dans un premier temps, le coût de revient du bien ou du service vendu ou fourni à une entreprise liée, puis d'y ajouter une marge bénéficiaire considérée comme de pleine concurrence. Cette marge provenant elle-même des analyses de comparables internes ou externes à l'entreprise. L'approche est donc proche de la méthode du prix de revente (*Resale minus*), à la différence principale que dans le premier cas, la marge de pleine concurrence est ajoutée au coût d'exploitation direct pour avoir le prix de transfert, alors que dans le second cas, la marge de pleine concurrence est retranchée du prix de vente pour avoir le prix de transfert.

1.3.2 Les principaux avantages de la méthode

Cette méthode est simple à mettre en œuvre, notamment lorsque l'entreprise dispose d'un système de suivi des coûts/charges robuste (exemple : une comptabilité analytique).

Dans certains cas, l'administration fiscale peut accepter des taux de marge réputés « acceptables » pour certaines natures d'opération.

Il est utile de rappeler, pour ce cas, la particularité des transactions dites à faible valeur ajoutée.

Selon l'OCDE, les services intragroupes à faible valeur ajoutée sont des services assurés par un ou plusieurs membres d'un groupe multinational pour le compte d'un ou plusieurs autres membres du groupe, qui[83] :

- relèvent d'une fonction de soutien ;
- ne font pas partie du cœur de métier du groupe multinational ;
- ne requièrent pas une utilisation d'actifs incorporels uniques et de valeur et ne conduisent pas à la création de tels actifs ;
- ne conduisent pas à assumer ni à maîtriser des risques substantiels ou importants et ne conduisent pas à l'apparition d'un risque important.

---

[83] Projet de rapport sur les modifications relatives aux services intragroupes à faible valeur ajoutée proposées au chapitre VII des Principes de l'OCDE applicables en matière de prix de transfert, du 3 novembre 2014-14 janvier 2015.

Il peut s'agir à titre indicatif des services ci-dessous[84] :

- comptabilité et vérification, notamment : collecte et examen des informations destinées à être utilisées dans les états financiers, tenue des livres comptables, établissement des états financiers, préparation aux contrôles opérationnels et financiers ou assistance lors de tels contrôles, vérification de l'authenticité et de la fiabilité des documents comptables, aide à la préparation du budget par la compilation de données et la collecte d'informations ;

- traitement et gestion des comptes clients et des comptes fournisseurs, notamment : compilation des coordonnées de facturation des clients, vérification et gestion des crédits clients ;

- activités relatives aux ressources humaines, telles que :

  - gestion des affectations et recrutement, notamment : procédures d'embauche, aide à l'évaluation des candidats, sélection et nomination du personnel, accueil des nouveaux salariés, évaluation des résultats et assistance en matière d'orientation professionnelle, assistance dans les procédures de licenciement et de reclassement ;

  - formation des salariés et évolution professionnelle, notamment : définition des besoins de formation, mise en place de programmes internes de formation des salariés et d'évolution professionnelle, création d'un programme de développement des compétences d'encadrement et de gestion des carrières ;

[84] Et selon le listing proposé dans la Consultation publique liée à l'action 10 du projet BEPS : Projet de rapport sur les modifications relatives aux services intragroupes à faible valeur ajoutée proposées au chapitre VII des Principes de l'OCDE applicables en matière de prix de transfert, du 3 novembre 2014-14 janvier 2015.

- services de paie, notamment : conseils et définition des politiques applicables en matière de rémunération des salariés et de prestations pouvant inclure la couverture de santé et l'assurance-vie, plan d'options d'achat d'actions et régime de retraite, suivi des absences et comptabilisation du temps travaillé, services de rémunération des salariés incluant l'établissement de la fiche de paie et le respect des obligations fiscales qui s'y rattachent ;

- définition et suivi des procédures relatives à la santé du personnel, application des normes relatives à l'hygiène et à la sécurité sur le lieu de travail ;

▪ suivi et compilation des données relatives à la santé, à la sécurité, à l'environnement et aux autres normes applicables à l'entreprise ;

▪ services dans le domaine des technologies de l'information qui ne font pas partie de l'activité principale du groupe multinational, notamment l'installation, la maintenance et la mise à jour de systèmes informatiques utilisés par l'entreprise, le support informatique (y compris pour les systèmes d'information utilisés par les services de comptabilité, production, relations clientèle, ressources humaines et paie, et le système de messagerie électronique), la formation à l'utilisation des applications informatiques et des équipements associés utilisés pour la collecte, le traitement et la présentation des données, la définition d'orientations relatives aux technologies de l'information, la fourniture de services de télécommunication, la mise en place d'un centre d'assistance informatique, la mise en place et la maintenance des systèmes de sécurité informatique, la maintenance et la supervision des réseaux informatiques et l'assistance correspondante (réseaux locaux et étendus, Internet) ;

▪ assistance en matière de communication interne, externe et de relations publiques (à l'exception d'activités de publicité ou de commercialisation spécifiques et de la définition des stratégies associées) ;

- services juridiques, notamment services juridiques généraux assurés par un conseiller juridique interne, tels que la préparation et la relecture de contrats, accords et autres documents juridiques, les conseils et avis juridiques, la représentation de l'entreprise (contentieux judiciaire, instances arbitrales, procédures administratives), les recherches et démarches de nature juridique et administrative visant à l'enregistrement et à la protection des biens incorporels ;
- activités liées au respect des obligations fiscales, notamment la collecte des informations et la préparation des déclarations fiscales (imposition sur le revenu, taxes sur les ventes, TVA, impôts fonciers, droits de douane et droits d'accises), le versement des impôts et taxes, la réponse aux autorités fiscales en cas de contrôle, les conseils en matière fiscale ;
- services généraux de nature administrative ou relevant de la gestion courante.

Dans ce cas, et pour la détermination du taux de marge, jusqu'en 2010, les praticiens avaient pour référence le Forum conjoint européen qui préconisait de retenir un taux de marge « entre 3 % et 10 %, avec une médiane à 5 % »[85]. Aujourd'hui et selon l'OCDE, « Pour déterminer la tarification de pleine concurrence de services intragroupes à faible valeur ajoutée, le membre du groupe multinational qui fournit ces services doit appliquer une marge bénéficiaire à tous les coûts reportés dans le groupe de coûts. La même marge doit être utilisée pour tous les services à faible valeur ajoutée, quelles que soient les catégories concernées. La marge retenue par le contribuable ne devrait pas être inférieure à 2 % du coût concerné ni supérieure à 5 % de ce même coût »[86].

---

[85] EU Joint Transfer Pricing Forum, "Guidelines on low value adding intragroup services", DOC : JTPF/020/REV3/2009/EN, § 63.

[86] Principes de l'OCDE applicables en matière de prix de transfert à l'intention des entreprises multinationales et des administrations fiscales, § 7.61 (Version de juillet 2017).

1.3.3 Les limites de l'approche

L'application de cette approche requiert que l'entreprise se centre sur ses propres coûts et problématiques sans tenir compte des rémunérations que pourraient attendre les autres entités impliquées dans la chaîne de valeur. C'est en cela qu'elle peut être qualifiée de méthode « unilatérale »[87].

1.3.4 Dans quel cas peut-on l'appliquer ?

Dans la pratique, on peut retrouver l'usage de cette méthode dans les activités d'assemblage, de fabrication, de production industrielle, etc.

La méthode Cost plus est également utilisée pour des activités de prestations de services intragroupes (exemple : les opérations dites à faible valeur ajoutée).

1.3.5 Exemples de calcul du prix de transfert sur la base de la méthode du coût de revient majoré (« Cost plus »)

Cas 1

La société A de droit gabonais est la filiale d'un groupe américain spécialisé dans le contrôle technique de la qualité des constructions et des ouvrages civils. La société mère américaine B exerce les fonctions principales. Pour les besoins de ses opérations, la société gabonaise recourt à des ingénieurs et autres spécialistes mis à disposition par la société mère pour des interventions complexes.

La société B facture à la société A les coûts suivants :

– P1 : Refacturation au franc le franc des frais de voyages, d'hôtel et de restauration ;

---

87 Voir : https://prixdetransfert.com/methodes/.

– P2 : Coût du personnel dont les salaires sont versés à Houston : salaires effectivement versés et correspondant aux temps passés (base des *Timesheets*) + une marge de 6 %[88].

Si la prestation est nécessaire et effective, il n'y a pas de travaux particuliers en matière de prix de transfert pour la première prestation en l'absence de toute rémunération pour la société américaine (refacturation dite *at cost*).

En revanche, pour la seconde opération, la société doit démontrer dans sa documentation de prix de transfert que la marge (« mark up ») de 6 % qui vient s'ajouter aux coûts directs est justifiée et est de pleine concurrence.

Cas 2 :

La société « Ditengou » est la filiale d'un groupe français qui est le numéro 1 sur son marché domestique en matière de soudure industrielle.

Pour certains ouvrages complexes et nécessitant l'intervention de soudeurs ayant des certifications spécifiques (exemple ISO 9606, 25901-1 : 2016, 14554-1 : 2013, etc.), les notes de calcul et les soudures des ouvrages sont intégralement préparées dans le sud de la France.

Les ouvrages prêts à l'emploi sont acheminés à Port-Gentil par voie maritime.

Pour une opération donnée, la société mère française a isolé dans sa comptabilité analytique tous les coûts directs liés à cette transaction et les a évalués à 25 000 euros (soit environ 16,4 millions de francs CFA). Elle y ajoute une marge de 12 % et facture donc à Ditengou la somme de 18,4 millions de francs CFA (12 000 euros * 1,12 %).

---

[88] Cette approche correspond à la méthode Cost plus (considération de la marge brute uniquement).

Les autres frais (transport, assurances, douanes, etc.) étant directement à la charge de la filiale gabonaise, le prix de transfert déterminé sur la base de la méthode Cost plus est donc de 18,4 millions.

Il appartiendra au groupe dans sa documentation des prix de transfert de démontrer que la marge de 12 % est bien de pleine concurrence.

Section 2 : Les méthodes dites transactionnelles, fondées sur les bénéfices

Le point 2.63 de la partie III des Principes de l'OCDE applicables en matière de prix de transfert à l'intention des entreprises multinationales et des administrations fiscales 2022 liste deux méthodes fondées sur les bénéfices, notamment :

- La méthode transactionnelle de la marge nette (ou *Transactional Net Margin Method* ou « TNMM »), et
- La méthode du partage des bénéfices (ou *Profit split Method ou* « PSM »).

Ces méthodes ne sont retenues que pour la détermination des prix de transfert sur la base des profits ou des bénéfices réalisés dans le contexte d'opérations intragroupes.

2.1. La méthode transactionnelle de la marge nette (ou « TNMM » en anglais)

2.1.1 Présentation de la méthode

Selon l'OCDE, la méthode transactionnelle de la marge nette (ou « MTMN ») consiste à déterminer les prix intragroupes en majorant une base appropriée (coûts, ventes, actifs...) de la marge nette qu'une entreprise réaliserait pour des transactions indépendantes comparables.

Il s'agit d'une approche très fréquemment utilisée par les entreprises dans le cadre de la documentation du caractère de pleine concurrence de leurs prix de transfert.

2.1.2 Les principaux avantages de la méthode

La TNMM est reconnue pour présenter les principaux avantages ci-dessous :

- Sa simplicité de mise en œuvre ;
- Son utilisation est assez bien acceptée par les administrations fiscales ;
- La recherche d'une marge nette permet de limiter le recours à des ajustements de comparables qui peuvent complexifier la démonstration ou générer une sensibilité importante du prix ;
- Elle est utilisée en appui à des circonstances nécessitant de justifier des marges faibles.

2.1.3 Les limites de l'approche

Le recours à cette méthode nécessite une analyse fonctionnelle particulièrement détaillée et pointue pour séparer distinctement l'entrepreneur principal et le routinier.

L'autre point d'attention est que la MTMN conduit assez fréquemment à un intervalle de marges (dite de pleine concurrence) de faible amplitude. On peut parler de « marges serrées » ou étroites à l'intérieur desquelles doit se situer la marge nette dégagée par les parties à la transaction en fonction de leur profil fonctionnel respectif.

Dans ce contexte, l'entrepreneur principal doit garantir à ses filiales (routinières) une marge d'exploitation conforme à celle d'entreprises indépendantes comparables.

À titre indicatif, la marge d'exploitation encore appelée bénéfice d'exploitation représente la différence entre les revenus d'une entreprise et ses coûts et dépenses, à l'exclusion des revenus et des pertes provenant de sources autres que ses activités courantes (appelées postes extraordinaires ou ponctuels) et des déductions au titre du revenu, comme les intérêts et les impôts[89].

La marge d'exploitation est obtenue par l'égalité suivante[90] :

$$MBE = \frac{\text{Ventes nettes} - (\text{coût des produits vendus} + VGA)}{\text{Ventes nettes}} \times 100\ \%$$

Il convient de noter que la marge ainsi obtenue peut être sensible à des données qui n'ont aucun lien avec les ventes (ou même les opérations avec le groupe) et qui peuvent représenter un caractère exceptionnel (autres charges, provisions, etc.). Il faut s'assurer d'appliquer les retraitements appropriés dans le cadre de la recherche de la marge de pleine concurrence.

2.1.4 Dans quel cas peut-on appliquer la TNMM

Tel qu'indiqué *supra*, la TNMM se trouve au croisement des méthodes *Cost plus* et *Resale minus*. Son champ d'application est donc beaucoup plus large que les approches dites traditionnelles. En conséquence, elle peut donc être retenue tant pour les activités de distribution que pour les activités de fabrication ou des prestataires de services[91]. Elle est donc appropriée tant pour les échanges de biens corporels que pour les biens incorporels.

Traditionnellement, la MTMN est appliquée à l'échelle globale de l'entité dont les flux intragroupes sont examinés. En pratique, le niveau de marge nette de pleine concurrence est déterminé non pas pour chaque transaction contrôlée mais pour l'entreprise[92] prise dans son ensemble.

---

89 Ce ratio est considéré comme « l'une des trois principales mesures de la rentabilité, les autres étant la marge bénéficiaire brute (soit les revenus moins le coût des produits vendus) et la marge bénéficiaire nette (soit la différence entre le total des ventes et le total des coûts et des dépenses, y compris les intérêts, les impôts ainsi que les éléments ponctuels). » [https://www.bdc.ca/fr].

90 Où VGA = frais de vente, généraux et administratifs.

91 Inclusion faite des services dits à faible valeur ajoutée, des *Management Fees*, des redevances de marque ou de brevets, etc.

92 Sans la nommer, c'est donc en définitive « la Méthode du profit comparable (*ou « Comparable Profit Method » ou « CPM »*) qui est exploitée. Or cette

2.1.5 Exemples de calcul des prix de transfert sur la base de l'approche TNMM

Cas 1 :
La société « Okulu One » est la filiale de droit gabonais d'un groupe « Delta One International » français spécialisée dans la vente de bouquets de chaînes de télévision.

Delta One International possède le plus haut degré de responsabilité dans chacune des fonctions exercées, détient les principaux actifs incorporels nécessaires à l'exercice de l'activité et assume les principaux risques liés à l'activité, là où, à l'inverse, les filiales ne détiennent aucun actif stratégique, ont une autonomie limitée dans leurs fonctions et supportent des risques quasi nuls.

En conséquence, dans l'analyse fonctionnelle, Delta One International est considérée comme « entrepreneur » dans le cadre des transactions examinées tandis qu'Okulu One, comme pour les autres filiales, doit être considérée comme une simple entité routinière.

À ce titre, Delta One International applique la TNMM dans la documentation de ses prix de transfert et garantit donc à ses filiales, dont Okulu One, une marge d'exploitation conforme à celle d'entreprises indépendantes comparables.

Les flux contrôlés ci-dessous sont identifiables :

De Okulu One à => Delta One International :

– Commission portant sur la commercialisation des bouquets de chaînes de télévision pour le compte de Delta One International au Gabon ;

– Coûts de distribution et d'extension de la couverture.

De Delta One International à => Okulu One

---

méthode, d'origine américaine, est expressément rejetée par l'OCDE, car trop globale » [https://prixdetransfert].

– Achat des équipements nécessaires à la réception des programmes, et

– Diverses prestations de services de support (*Management Fees*, assistance technique, etc.).

Sur la base d'une recherche faite sur la base de données Orbis, 40 sociétés indépendantes, jugées comparables à Okulu One, en termes d'activités, de zone géographique, d'indépendance et de critères financiers (chiffre d'affaires, disponibilité des données, etc.) ont été isolées. Il en ressort que la marge de pleine concurrence se situe entre 1 et 7 %, avec un taux médian à 4 %.

L'analyse des états financiers d'Okulu One, et notamment la détermination de la marge d'exploitation, permet de noter que la société gabonaise dégage, pour l'exercice contrôlé, une marge d'exploitation de 2,3 %. Celle-ci s'inscrit dans l'intervalle interquartile issu de l'analyse économique et donc les prix pratiqués par Delta One International sont de pleine concurrence, en ceci que le groupe s'assure que la société gabonaise réalise une marge comparable à une société indépendante du même secteur d'activité.

Il faut cependant noter que, dans certaines circonstances, cette approche peut être porteuse de risques de redressements en cas de contrôle de l'administration fiscale. En effet, l'approche dite en « Tunnel »[93] où, on établit un minimum et un maximum peut conduire les inspecteurs à considérer que la marge domestique (laissée au pays de la filiale) doit se rapprocher au plus près du taux de marge maximum (« *Cap* »).

Dans notre exemple, un inspecteur pourrait considérer que le taux de 2,5 %, bien qu'inscrit dans l'intervalle de pleine concurrence, ne rend pas compte des performances réelles de la filiale car, non seulement il se trouve en dessous de la médiane (4 %) mais il est assez éloigné de la marge maximum (7 %). Dans ce contexte, le vérificateur pourrait considérer que les facturations reçues par Okulu One de la part de Delta One International sont exagérées et donc proposer de redresser l'impact du différentiel selon une

[93] Existence d'un « *Floor* » (taux plancher) et d'un « *Cap* » (taux plafond).

marge que l'administration qualifierait de « convenable/appropriée ».

Cas 2 :

Si on prend le cas d'une Société « A » de droit gabonais, filiale d'un groupe suisse. La société « A » est un distributeur de petits équipements de cuisine sur le marché domestique gabonais, et n'a pas de rôle majeur dans la chaîne de valeur du groupe. Elle a le profil fonctionnel de routinier.

Dans le cadre de ses ventes pour l'exercice 2022, la société « A » a réalisé un chiffre d'affaires de 1 milliard de francs CFA.

La marge d'exploitation de « A » est estimée à 10 %.

Ses coûts d'exploitation (hors prix d'achat des équipements) sont de 300 millions de francs CFA.

On peut déduire le prix d'achat de pleine concurrence des biens distribués (achats auprès du Groupe, donc en prix de transfert) tel que :

– La marge d'exploitation est de (1 000 000 000 *10 %) = 100 000 000

– Charges d'exploitation (incluant le prix d'achat des équipements) s'élèvent à (1 000 000 000 – 100 000 000) = 900 000 000

– Le prix de transfert des achats des équipements est donné par l'égalité : 900 000 000 – 300 000 000 = 600 000 000 francs CFA.

2.2. La méthode du partage des bénéfices (ou « Profit split »)

2.2.1 Présentation de l'approche

Le principe de base de cette méthode est de déterminer le bénéfice global réalisé à l'occasion d'opérations intragroupes et de mettre en œuvre une répartition de celui-ci entre toutes les entités impliquées selon leur contribution respective.

Cette approche est, en général, retenue dans les situations où des entreprises liées exécutent ensemble dans des transactions très fortement interconnectées. L'intégration des transactions rend difficile leur séparation et donc leur observation individuelle.

2.2.2 Mise en œuvre de la méthode

La méthode du Profit split peut être appliquée de trois manières différentes :

- La méthode du partage des bénéfices comparables,
- La méthode du partage des bénéfices par contribution et
- La méthode du partage des bénéfices résiduels.

Dans le cadre de la justification de leur prix de transfert, les entreprises retiennent une approche fondée sur la structure et les paramètres de la transaction, et en fonction de la nature et du volume des informations disponibles.

	Description du processus de mise en œuvre
Démarche n° 1	▪ Bénéfice comparable : Pour appliquer la méthode du partage des bénéfices comparables, les sociétés liées doivent trouver une transaction comparable dans laquelle deux parties liées se partagent les bénéfices, puis l'utiliser comme référence pour la répartition de leurs propres bénéfices.

	Description du processus de mise en œuvre
Démarche n° 2	▪ Bénéfice par contribution : La méthode du partage des bénéfices par contribution examine les contributions financières ou autres relatives apportées par les deux sociétés qui concluent une transaction. Un partage équitable des bénéfices est ensuite déterminé sur la base de ces contributions (calcul de clé de répartition sur le fondement des ratios financiers, par exemple).
Démarche n° 3	▪ Bénéfices résiduels : La méthode de partage des bénéfices résiduels examine les bénéfices totaux, supprime les bénéfices réalisés par les fonctions de routine des deux parties (calculés à l'aide de la méthode des bénéfices comparables), et les bénéfices résiduels sont partagés, généralement en fonction des investissements et des dépenses relatives de chaque partie.

2.2.3 Les principaux avantages de la méthode du *Profit split*

Le principal avantage qu'on peut reconnaître à cette méthode est qu'elle s'attache à examiner l'allocation des bénéfices de manière globale, à l'échelle de l'ensemble consolidé des sociétés intervenantes.

Cette situation permet d'avoir une lecture complète et détaillée de la chaîne de valeur et donc une bonne capacité à cerner la localisation véritable des risques, les niveaux d'investissement, les contributions des sociétés liées, etc. Il est alors plus simple d'affiner la politique de prix de transfert du groupe.

En outre, la méthode permet de gérer les situations où les entreprises impliquées dans la transaction apportent chacune des contributions significatives (moyens, risques, actifs mis en œuvre, etc.) qui ne peuvent pas être facilement observées de manière isolée.

2.2.4 Les limites de la méthode

Cette méthode peut présenter les difficultés suivantes :

- Il y a un risque non négligeable de subjectivité dans le calcul des taux de répartition du bénéfice entre les entreprises (dont un risque de manipulation aux fins de fraude fiscale)[94] ;
- Sa mise en œuvre peut s'avérer très technique et nécessite une certaine volumétrie d'informations (techniques, financières, de marché, etc.) et peut donc rapidement devenir complexe et induire des calculs fastidieux ;
- Difficulté à trouver des informations publiques pour ce qui est de l'identification de transactions comparables pour des sociétés indépendantes.

Pour l'OCDE, il est indispensable d'analyser en profondeur la transaction contrôlée et de n'appliquer cette méthode qu'après avoir démontré qu'aucune des autres méthodes reconnues n'est appropriée.

2.2.5 Dans quel cas peut-on appliquer la méthode du *Profit split* ?

D'une manière générale, on retrouve cette méthode pour le cas des sociétés spécialisées dans le domaine de la haute technologie, l'industrie pharmaceutique, etc. Ceci procède du fait que ces entités créent des actifs incorporels (marque, brevet, procédés…) dont le niveau de complexité ne permet pas de retrouver des comparables pertinents ou de mettre en œuvre les autres méthodes.

---

[94] L'analyse fonctionnelle doit être ici, particulièrement, pointue.

Sa mise en œuvre nécessite de bien démontrer dans l'analyse fonctionnelle que les sociétés impliquées peuvent être, ensemble, qualifiées d'« entrepreneur », car elles fournissent des contributions uniques et à forte valeur ajoutée dans le cadre des prestations intragroupes.

2.2.6 Exemples de situations induisant le recours à la méthode du *Profit split*

Cas 1 :

Prenons la situation d'une brasserie qui dispose d'une filiale de mise en bouteille aidant à la recherche et au développement (R&D) pour mettre sur le marché de nouvelles boissons.

Il est convenu formellement que la société d'embouteillage et de R&D supportera les coûts et les risques du lancement de la nouvelle boisson dénommée « Total Cola ». Il est prévu que « Total Cola » révolutionne le segment du Soda par sa formule unique. La société mère assure la protection de la marque, le marketing, les relations publiques et les opérations de lobbying, garantit les canaux de distribution, etc.

Vu la difficulté de déterminer avec suffisamment de précision/fiabilité les risques, les impacts sur le prix final au marché de chacune des contributions, les deux entreprises veulent déterminer le prix de transfert selon la méthode du partage du bénéfice. Elles conviennent dans ce cadre que la répartition sera fondée principalement sur les investissements respectifs et risques supportés par chacune des entités à chaque étape de la chaîne de valeur.

Les deux entreprises ont investi un total de 800 millions de francs CFA pour mettre « Total Cola » sur le marché.

Les données analytiques financières établissent que la filiale a contribué à hauteur de 530 millions de francs CFA à l'investissement total.

Dans ces conditions, et sur la base des autres informations provenant de l'analyse fonctionnelle, les bénéfices futurs sur les ventes de « Total Cola » seront répartis selon les clés suivantes :

- 66,25 % (soit 530/800) pour la filiale ;
- 33,75 (270/800) pour la société mère.

Cas 2 :

La société « Gamma » est la filiale gabonaise d'un groupe italien spécialisé dans la fabrication de textile haut de gamme. Il s'agit d'un savoir-faire unique et de forte valeur pour le groupe.

Gamma, installée à Libreville et dans 5 capitales provinciales, ne commercialise pour le moment que les produits du segment homme, notamment des costumes de marque. La conception, la production sont intégralement réalisées par la société mère à Turin. Ces costumes sont vendus à Libreville au prix moyen de 350 000 francs CFA.

De l'atelier jusqu'au client du Gabon, le groupe supporte des charges cumulées de 200 000 francs CFA réparties entre :

– le producteur : 70 000 francs CFA (122 euros) ;

– le distributeur (Gamma) : 130 000 francs CFA.

Par conséquent, sur chaque costume vendu, le groupe gagne 150 000 francs CFA (350 000 francs CFA – 200 000 francs CFA).

Si les entités décident d'appliquer la méthode du partage des bénéfices, la clé de répartition peut être les charges d'exploitation consolidées.

Ici, la contribution relative de chacune des entreprises est de :

– 35 % pour le producteur à Turin (70/200) ;

– 65 % pour Gamma au Gabon (130/200).

Le bénéfice (par pièce vendue) est donc partagé tel que :

– pour le producteur : 35 % x 150 000 = 52 500 francs CFA (environ 80 euros) ;

– pour Gamma : 65 % x 150 000 = 97 500 francs CFA

Quel est le prix de transfert auquel Gamma achète au groupe ?

Dans notre situation, le prix de transfert est obtenu par : 70 000 francs CFA + 52 500 francs CFA = 122 500 francs CFA[95].

On peut facilement vérifier le bénéfice de Gamma par : [350 000 francs CFA – (122 500 francs CFA + 130 000 francs CFA)][96] = 97 500 francs CFA.

Cas 3 :

Le groupe « Tandima » est spécialisé dans le domaine de la production d'appareils de radiologie médicale de dernière génération. Il maîtrise une technologie unique qui accroît la qualité des clichés et donc les résultats des examens. Ce produit est très prisé depuis la mise en production de ses premiers prototypes.

Le groupe est composé de 3 types de sociétés, une société qui fabrique, une start-up qui réalise la R&D et une société de distribution.

L'analyse fonctionnelle montre que la société de distribution n'exerce que des fonctions de routine (commercialisation auprès de clients finaux) sans grand impact dans la chaîne de valeur. En revanche, les échanges entre les deux autres sociétés sont plus intégrés et elles supportent des niveaux de risques élevés et

[95] Coûts de production auxquels s'ajoute la part du bénéfice allouée à la société mère.

[96] On retranche du chiffre d'affaires unitaire la somme des coûts d'achat unitaires et des coûts de distribution unitaires.

similaires. Il s'agit de contributions uniques et à forte valeur ajoutée pour le groupe Tandima.

Ces flux sont difficiles à observer individuellement.

Le groupe arrête donc la stratégie suivante en matière de prix de transfert :

– le prix de transfert entre la société de fabrication et la société de distribution sera déterminé par la méthode *Resale minus* ;

– le prix de transfert entre la société de R&D et la société de fabrication sera déterminé par la méthode du partage des bénéfices.

En pratique, si le groupe gagne 15 millions de francs CFA par unité vendue, et après le retraitement de la marge allouée à la société de distribution, il reste donc 12 millions de profit à se partager. Ce montant sera réparti entre la société de R&D et l'entreprise de fabrication en fonction de leur contribution effective à la mise sur le marché des produits.

Ainsi, par exemple, l'analyse fonctionnelle peut révéler que la société de R&D a un rôle prépondérant, il peut lui être alloué un pourcentage de 60 % (7,2 millions de francs CFA) des bénéfices résiduels, et donc 40 % (4,8 millions de francs CFA) reviendraient à la société de fabrication. Ces montants viennent s'ajouter aux coûts propres supportés par ces entités pour constituer le prix de transfert d'une société à une autre.

Cas 4 :

Le groupe « Upsilon » est composé de 5 entreprises principales. Il est spécialisé dans la fabrication et la commercialisation de groupes électrogènes montés selon une technologie unique.

Le produit « phare » du groupe est un générateur électrique qui a la particularité de fonctionner avec des énergies fossiles, mais également par énergie solaire. Cette technologie est unique en son genre. Cette technique et les plans de montages sont protégés par des brevets.

Les 5 entreprises interviennent dans la chaîne de valeur ainsi qu'il suit :

– « A » la société mère, assure les fonctions marketing (et diverses fonctions support), les fonctions de R&D, la protection de la technologie ;

– « B » assure l'approvisionnement en matières premières, en fournitures et la négociation sur les différents marchés pour « D » ;

– « C » fabrique les composantes spéciales et protégées, et vend uniquement à « D » ;

– « D » assure l'assemblage industriel et le contrôle qualité des produits ;

– « E » commercialise les produits achetés à « D » en direct et via un réseau de filiales dans le monde, elle investit fortement pour développer sa clientèle sur ses différents marchés.

Ce dispositif génère pour le groupe des effets de synergie qui permet aux entités du groupe de réaliser des économies sur leurs opérations. Ces bénéfices peuvent, au travers de la méthode du *Profit split*, être partagés entre les sociétés en fonction de leur contribution au processus de création de la valeur.

Dans ce contexte, afin de mettre en œuvre l'approche, plusieurs entretiens, analyses peuvent être menés pour évaluer les contributions respectives.

À titre indicatif, l'analyse fonctionnelle et les entretiens portés sur les poids des fonctions assumées, des risques supportés et des actifs mis en œuvre peuvent révéler les données illustratives suivantes[97] :

Rubriques	% relatif	A	B	C	D	E
Fonctions						
Production	20 %	–	–	45 %	55 %	–
Négociation fournisseurs intermédiaire	15 %	10 %	80 %	10 %	–	–
R&D	15 %	75 %	–	15 %	10 %	
Stockage	15 %	–	–	30 %	40 %	30 %
Contrôle qualité	10 %	–	–	15 %	75 %	10 %
Logistique	10 %	15 %	10 %	25 %	25 %	25 %
Commercialisation	15 %	15 %	–	15 %	15 %	55 %
Contributions totales pondérées	**100 %**	**16 %**	**13 %**	**24 %**	**31 %**	**16 %**
% de la rubrique	**30 %**					
Risques						
Risque de stocks	30 %	–	–	25 %	25 %	50 %
Risque de change	10 %	–	–	20 %	25 %	55 %
Risque industriel	25 %	–	–	20 %	25 %	55 %
Risque qualité	15 %	15 %	5 %	20 %	20 %	40 %
Risque de marché	15 %	–	–	10 %	10 %	80 %
Risque politique	5 %	–	–	5 %	5 %	90 %
Contributions totales pondérées	**100 %**	**2 %**	**1 %**	**19 %**	**21 %**	**57 %**
% de la rubrique	**40 %**					

[97] Approche d'approche d'ensemble pour des raisons de démonstration. Cette démarche peut être retenue pour chaque maillon de l'intégration, en d'autres termes, de « A » vers les autres, de « D » vers « E », de « B », « C » et « D » vers « E », etc.

Actifs						
Savoir-faire industriel	20 %	20 %	5 %	30 %	40 %	5 %
Savoir-faire test qualité	20 %	15 %	5 %	25 %	50 %	5 %
Brevet	25 %	60 %	–	15 %	15 %	10 %
Terrains et Bâtiments	15 %	–	–	30 %	30 %	40 %
Équipements industriels	15 %	–	–	30 %	30 %	40 %
Matériel roulant	5 %	–	5 %	25 %	40 %	30 %
Contributions totales pondérées	**100 %**	**22 %**	**2 %**	**25 %**	**33 %**	**18 %**
% de la rubrique	**30 %**					

Ensuite, les contributions respectives (fonctions/risques/actifs) peuvent être pondérées avec les poids relatifs de ces paramètres sur les bénéfices/économies à partager, tels que :

Rubriques	% relatif	A	B	C	D	E
Contributions aux fonctions avant pondération	**30 %**	**17 %**	**13 %**	**24 %**	**31 %**	**16 %**
Contributions aux fonctions après pondération	✍	**4,95 %**	**3,9 %**	**7,05 %**	**9,23 %**	**4,88 %**
Contributions aux risques avant pondération	**40 %**	**2 %**	**1 %**	**19 %**	**21 %**	**57 %**
Contributions aux risques après pondération	✍	**0,9 %**	**0,3 %**	**7,7 %**	**8,4 %**	**22,7 %**
Contributions aux actifs avant pondération	**30 %**	**22 %**	**2 %**	**25 %**	**33 %**	**18 %**
Contributions aux actifs après pondération	✍	**8,80**	**0,9 %**	**10 %**	**13,1 %**	**7,2 %**
% définitif de partage par entité	**100 %**	**12,5 %**	**4,9 %**	**22,3 %**	**27,4 %**	**32,9 %**

Pour notre exemple, l'examen approfondi des fonctions remplies, des risques assumés et des actifs mis en œuvre par chacune des entités conduit à répartir les bénéfices tels que : 12,45 % pour A, 4,88 % pour B, 22,25 % pour C, 27,45 % pour D et 32,98 % E.

En définitive, à la suite de la présentation individuelle des méthodes préconisées par l'OCDE, nous pouvons tenter de résumer les caractéristiques essentielles de ces approches tel qu'il suit :

A – Méthodes traditionnelles fondées sur les transactions

Méthodes	**Description**	**Indicateur de profit**	**Niveau d'application**	**Nature d'activité**
Prix comparable sur le marché libre (« CUP »)	Prix constaté sur le marché libre	Le prix lui-même	Transaction par transaction	- Produits standards dont les prix sont publics - Produits échangés sur les marchés cotés
Prix de revente minoré (« *Resale minus* »)	Prix obtenu en réduisant du prix de vente une marge brute adéquate	La marge brute	Transaction par transaction	- Activités de distribution
Coût de revient majoré (« *Cost plus* »)	Prix obtenu en augmentant le prix de vente d'une marge brute adéquate	La marge brute	Transaction par transaction	- Activités de fabrication, transformation

B – Méthodes transactionnelles fondées sur les bénéfices

Méthodes	Description	Indicateur de profit	Niveau d'application	Nature d'activité
Méthode transactionnelle de la marge nette	Détermination d'une marge nette en fonction des coûts	Marge nette ou un autre ratio pertinent	Au niveau global de l'entreprise	- Activités de distribution et de fabrication ; - Prestation de services
Méthode transactionnelle de partage du bénéfice	Répartition d'un bénéfice réalisé dans une transaction intragroupe sur la base de clés de répartition déterminées en fonction de leur poids relatif dans le processus de création de la valeur	Profit dégagé à répartir selon la participation des parties impliquées	Au niveau global de l'entreprise	Activités réalisées sur une chaîne de valeur fortement intégrée : i.e. : industries complexes (industrie pharmaceutique, haute technologie…).

Source : Synthèse préparée à partir des principes directeurs OCDE, version de janvier 2022 et de l'article « Fiscalité internationale » paru dans *La lettre juridique* n° 894 du 10 février 2022, de Denis Fontaine-Besset et Arnauld Spiner, avocats chez GFD-Avocats, et publié sur le site lexbase.fr.

Section 3 : Les autres méthodes

Le paragraphe 2.9 du chapitre II des Principes de l'OCDE applicables en matière de prix de transfert à l'intention des entreprises multinationales et des administrations fiscales 2022 précise que les groupes multinationaux ne sont pas contraints à utiliser les cinq méthodes reconnues par l'OCDE. Ils peuvent donc recourir aux « Autres méthodes » à la double condition que le prix déterminé obéisse au principe de pleine concurrence tel qu'il est développé par les Principes directeurs de l'OCDE, et de pouvoir documenter en quoi les méthodes « officielles » ne sont pas « appropriées » pour les circonstances spécifiques applicables des flux contrôlés.

Dans cette section, nous examinerons ainsi, tour à tour, la méthode du prix de revente modifié, la méthode du coût net majoré (ou Net cost plus) et la « sixième méthode ».

3.1. La méthode du prix de revente modifié (ou « Modified Resale minus method »*)*

3.1.1 Pourquoi était-il pertinent de concevoir une approche modifiée ?

Sur le principe, la méthode du prix de revente, ou *Resale minus*, implique de retrancher une marge dite de pleine concurrence au prix de vente d'un produit pour obtenir son prix de transfert.

Ce procédé implique de trouver dans un premier temps une marge brute comparable susceptible d'être défalquée pour calculer le prix de transfert correspondant. Il faut noter que la mise en œuvre de cette méthode peut poser certains problèmes au rang desquels on peut relever :

- La rareté des données comparables (marge brute) par produit, par nature de transaction, ou par segment d'activités, etc. ;
- L'hétérogénéité des informations lorsqu'elles sont accessibles sur les bases de données générales ou spécialisées[98] ;
- La sensibilité de la marge brute au volume commercialisé[99] (impact, par exemple, d'une fonction marketing assurée

---

[98] Le cas des différences au niveau des règles comptables de présentation et de calcul des soldes intermédiaires de gestion.

[99] Voir aussi Dossier Pratique *Prix de transfert : Détermination, Justification et gestion des différends, problématiques connexes* (Xavier Daluzeau, Stéphane Gelin, Bruno Bibert et Arnaud Le Boulanger), éditions Francis Lefebvre, 3e édition, septembre 2016, page 90.

localement, à la différence d'un autre distributeur et donc induisant des coûts plus élevés, et donc une marge escomptée plus importante) ;

- Les exigences des administrations fiscales qui peuvent rejeter le fait de se contenter d'une marge brute, lorsque, par exemple, l'entité dont les transactions sont contrôlées réalise des déficits[100].

- Les vérificateurs peuvent considérer dans ce contexte que les prix de transfert sont trop élevés et ne permettent pas à la société de réaliser des marges convenables, et donc limitent cette dernière dans sa capacité à dégager des performances qui lui permettraient d'être en situation bénéficiaire.

Dans ces conditions, afin de tenter de gommer ces difficultés et de permettre aux entités de dégager une marge convenable et conforme à l'esprit des principes directeurs, la méthode modifiée du prix de revente minoré a été mise en place.

En quoi consiste la méthode modifiée du prix de revente minoré ? La méthode modifiée du prix de revente minoré s'opère en trois temps, tel que schématisé ci-dessous :

[100] Voir aussi Dossier Pratique *Prix de transfert : Détermination, Justification et gestion des différends, problématiques connexes* (Xavier Daluzeau, Stéphane Gelin, Bruno Bibert et Arnaud Le Boulanger), éditions Francis Lefebvre, 3e édition, septembre 2016, page 90.

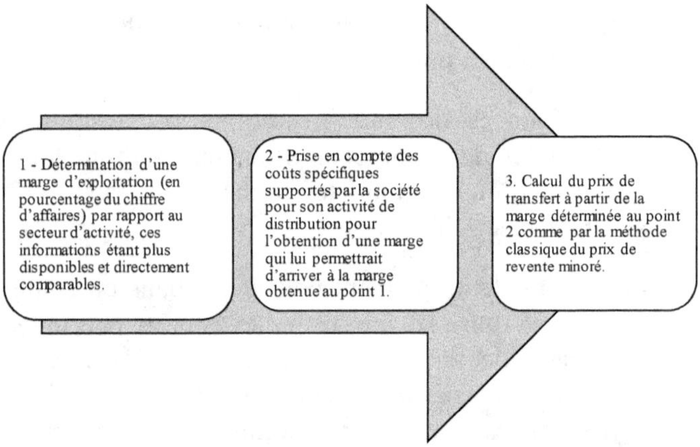

En synthèse, le but de la méthode est d'obtenir un prix de transfert qui tient compte des particularités de la société dont les flux sont contrôlés, qui minimise les écarts de comparabilité et laisse une marge convenable à la société pour qu'elle puisse dégager des résultats bénéficiaires[101].

Nous pouvons prendre le cas indicatif ci-après :

La société « **Delta** » est la filiale d'un groupe de distribution spécialisé dans l'électroménager. Delta est installée à Libreville et a réussi pour son premier exercice à dégager un chiffre d'affaires de 350 millions de francs CFA. L'analyse fonctionnelle, faite par les fiscalistes du groupe et un avocat d'affaires en France, a conduit à retenir la méthode modifiée du prix de revient minoré comme approche à appliquer pour la détermination des prix de transfert du groupe.

Les autres données financières sont les suivantes :

[101] Toute chose égale par ailleurs, les déficits peuvent également provenir de situations/obligations exceptionnelles (charges) qui n'entrent pas dans le cadre de l'exploitation normale et qui ne seraient donc pas imputables à la société mère (fournisseur des biens).

– La marge d'exploitation des sociétés de négoce comparables à Delta est d'environ 5 % ;

– Sur cette première année, Delta n'a commercialisé que des téléviseurs 32 pouces de modèle Android acquis exclusivement auprès de sa société mère ;

– Le téléviseur est vendu à 140 000 francs CFA l'unité ;

– Les charges d'exploitation (hors coûts d'achat des téléviseurs) s'élèvent à 90 millions de francs CFA.

Déterminons le prix de transfert pour l'acquisition des téléviseurs commercialisés :

Première étape – Marge d'exploitation :

Par simplification, elle est donnée dans notre cas à 5 %.

Dans la pratique, une analyse de *benchmark* à partir du dépouillement des résultats obtenus dans des bases de données permet d'avoir un taux médian.

Deuxième étape – Marge brute cible de Delta :

Le résultat d'exploitation est obtenu par : 350 000 000 * 5 % = 17 500 500 francs CFA.

Si les charges d'exploitation (hors coûts d'achat des téléviseurs) sont de 90 millions de francs CFA, la marge brute cible est donc de : 90 000 000 + 17 500 500 = 107 500 000 francs CFA, soit 31 % du chiffre d'affaires de Delta (107,5/350).

Troisième étape – Prix de transfert :

Prix de transfert = [140 000 – (1-31 %)] = 96 600 francs CFA par unité.

3.2. La méthode du coût net majoré (« Net cost plus »)

3.2.1 En quoi consiste la méthode *Net cost plus*

L'approche en *Net cost plus* est une amélioration de la méthode du prix de revient majoré (ou *Cost plus*). À titre principal, elle diffère de la méthode traditionnelle par la nature des coûts qu'elle considère.

En effet, « la méthode du prix de revient majoré implique normalement la détermination de la rémunération brute qu'une entreprise indépendante aurait exigée pour accomplir les fonctions exercées compte tenu des risques assumés. La marge (*mark up*) doit donc normalement être appliquée sur une base brute type coût de production ou la masse salariale pour une activité de services (approche possible à partir des comptes sociaux) »[102]. En revanche, dans la version *Net cost plus*, plutôt qu'une base brute, c'est la marge nette qui est recherchée. Ce qui implique une base de coûts plus étendue que dans l'approche traditionnelle.

3.2.2 Quels sont les déterminants de la méthode ?

Les critiques, faites à l'approche basée sur la marge brute, sont similaires à celles formulées pour la méthode du prix de revient minorée vue *supra* (faible disponibilité des comparables, qualité des données disponibles, risque fiscal, etc.). Ainsi, pour aboutir à une marge nette qui viendrait s'ajouter à une base de coûts réputée plus complète (contre des coûts partiels dans la méthode de base), la méthode *Net cost plus* va considérer les éléments suivants :

- Les coûts de production directs (les coûts d'achat des matières premières, les coûts salariaux directement affectables, etc.) ;

[102] « Principes OCDE », fiche synthèse publiée sur prixdetransfert.files.wordpress.com/2008/01/fiche-cost-blog.doc

- Les coûts de production indirects (les coûts d'assurance, les frais de réparation, les dépenses d'entretien et de maintenance, etc.) ;

- Les autres charges d'exploitation (les frais de commercialisation, les frais généraux, divers coûts administratifs, etc.)[103].

3.2.3 Exemple de calcul du prix de transfert par la méthode des coûts majorés en *Net cost plus*

En pratique, la méthode peut être mise en œuvre par au moins deux techniques :

Option 1 – Approche directe : Considérer que le niveau de marge d'exploitation qui tient compte de toutes les charges d'exploitation est directement applicable à la transaction contrôlée, et donc la retenir comme base de calcul du prix de transfert ;

Option 2 – Approche graduelle : Rechercher comment imputer les coûts réels attribuables à l'opération. Ce qui implique d'abord d'isoler les coûts de production directs et de les affecter par un coefficient (par exemple, en fonction des unités d'œuvre), puis procéder à l'imputation rationnelle des coûts fixes. À cette base, s'ajoute la marge nette de pleine concurrence déterminée au point 1 ci-avant.

Nous pouvons étudier le cas indicatif ci-dessous :

La société « Immos Plus » est la filiale gabonaise du groupe français « Immos Plus International ». Immos Plus International fournit des services de support administratif à sa filiale gabonaise. L'entreprise gabonaise reçoit, chaque fin d'année, une facture relative aux prestations d'assistance commerciale.

[103] En grande partie des coûts fixes.

Immos Plus International estime à environ 1 000 heures le temps passé sur l'exercice 2023 et que sur l'année, les coûts totaux rattachables à cette prestation s'élèvent à 120 000 euros. Au moment de transmettre la facture annuelle à la filiale gabonaise, quel sera le prix de transfert à facturer ?

Pour calculer le prix de transfert, il convient dans un premier temps de trouver le rapport entre le bénéfice d'exploitation et le coût total.

Au plan de l'analyse des comparables, il est possible d'identifier un grand nombre d'entreprises qui fournissent des services comparables. L'analyse des données des sociétés comparables à Immos Plus International conduit à identifier la structure des coûts suivante :

Compte de résultat synthétisé

Rubrique		**Charges (En Eur)**	**Produits (En Eur)**
Chiffre d'affaires			600 000
Masse salariale	-	230 000	
Frais généraux	-	100 000	
Autres coûts d'exploitation	-	70 000	
	-	400 000	600 000
Résultat d'exploitation (+/-. Bén/Per.) :		**200 000**	

Le taux de marge en coûts nets est de : 200 000 / 400 000 = 50%

La deuxième étape consiste à utiliser la marge du coût net plus pour calculer le prix de transfert de pleine concurrence.

Pour ce faire, il suffit d'ajouter la marge du coût net plus au coût total existant.

Nous avons noté plus haut que le coût total des services est de 120 000 euros. Si nous ajoutons à ce montant la *Net cost plus margin* de 0,50 (60 000 euros), nous obtenons un prix de transfert de 180 000 euros (ou 180 euros par heure).

3.3. La « Sixième méthode »

La sixième méthode est une variante de la méthode du coût comparable sur le marché libre (ou « CUP »). Elle se fonde sur les termes des principes directeurs OCDE qui disposent que les prix de pleine concurrence concernant les produits de base peuvent être déterminés par référence à des accords ou à des transactions comparables sur le marché libre représentés par les prix cotés sur les marchés desdits produits. C'est en cela qu'elle est considérée comme la sixième méthode reconnue par l'OCDE[104].

Il faut noter que la sixième méthode s'applique essentiellement au commerce des matières premières et considère que le prix de référence est le prix public pour une transaction comparable sur le marché boursier ou un marché des « *commodities* » dédié[105]. La « sixième méthode » a été adoptée principalement par certains pays d'Amérique du Sud et, en Afrique, par le Liberia et la Zambie[106] dans le cadre de leurs exportations de produits de base. Cette méthode implique une attention particulière vis-à-vis des périodes d'exécution des transactions. Il importe donc, dans l'hypothèse où cette méthode est retenue pour justifier un prix de transfert, de préciser avec clarté la date de fixation du prix et/ou une période de cotation à la transaction. Par ailleurs, le marché des matières premières étant intégralement dématérialisé, il est

---

[104] Venant s'ajouter aux 5 autres approches reconnues par l'OCDE : 3 méthodes traditionnelles fondées sur les transactions, 2 méthodes transactionnelles basées sur les bénéfices.

[105] Dans la terminologie *trading* des produits de base, on peut distinguer deux grandes catégories de matières, notamment : les matières premières dites *« hard »* regroupant essentiellement les énergies (gaz, pétrole, etc.) et les métaux (or, argent, nickel, etc.) ; Les matières premières dites *« soft »* sont principalement les produits agricoles (blé, orge, colza, soja, café, riz, coton, etc.). Voir également *Marché des matières premières : principe et fonctionnement*, par Léa Boluze, publié le 20/10/2021 à 11 h 48 sur le site https://www.capital.fr/.

[106] Voir également : *Prix de transfert dans les pays de la CÉDÉAO*. Document de travail et recommandations concernant les cadres juridiques et administratifs d'application des règles de prix de transfert dans les pays de la CEDEAO, septembre 2016, pages 16 et 21.

tout aussi nécessaire d'indiquer la place financière qui s'applique à la transaction contrôlée.

Sur ce point, il faut relever, à titre indicatif, que les principales places sur lesquelles s'échangent les matières premières ou autres produits dits de « base » sont les suivantes[107] :

- CBOT (ou *« Chicago Board Of Trade »*)[108] : blé, maïs, riz, avoine, soja, huile, farine, lait, bois, etc.

- NYME (ou *« New York Mercantile Exchange »*) : cacao, café arabica, sucre, coton, etc.

- COMEX (ou *« New York Commodity Exchange »*) : métaux précieux, or, argent, etc.

- LME (ou *« London Metal Exchange »*) : aluminium, cuivre, étain, nickel, plomb, zinc, acier, métaux stratégiques, etc.

- LBMA (*London Bullion Market Association*) : or, argent, pétrole, etc.

- ICE (*Intercontinental Exchange*) : énergie, gaz, cacao, café, sucre, coton, jus d'orange, céréales, etc.

---

[107] Voir aussi : https://www.defthedge.com/gestion-matieres-premieres

[108] Il faut noter que depuis sa fusion avec le Chicago Board of trade, c'est le Chicago Mercantile Exchange (CME), qui est le 1er marché mondial de matières agricoles de la planète (voir également : https://www.capital.fr/entreprises-marches/marche-matieres-premieres-1376381).

Partie 3 – De l'élaboration pratique de la documentation des prix de transfert dans le contexte gabonais

Cette partie a le double objectif de fournir des *guidances* essentielles à la préparation de la documentation des prix de transfert dans le contexte domestique gabonais, ainsi que de mettre l'accent sur les points d'attention de l'administration fiscale dans le cadre des contrôles fiscaux impliquant l'examen des prix de transfert. Ce dernier point devrait permettre au contribuable d'anticiper les attentes des vérificateurs et de s'y préparer de manière appropriée.

Nous traiterons ainsi tour à tour de la préparation du *Master file* et du *Country file* (chapitre 1), de la préparation des formulaires fiscaux (chapitre 2) et des points d'attention de l'administration fiscale (chapitre 3).

Chapitre 1 : Mise en œuvre des obligations documentaires : La préparation du *Master file* et du *Country file*

Ce chapitre vise à présenter et à illustrer le contenu obligatoire de deux des composantes essentielles de la documentation des prix de transfert, à savoir : le *Master file* (ou « MF ») et le *Local file* (ou « LF »). Il faut noter que la réglementation gabonaise est, sur ce point, alignée aux recommandations de l'action n° 13 du projet BEPS de l'OCDE.

Section 1 : Objectif et contenu du *Master file*

Le *Master file* a pour objectif de présenter le groupe, ses opérations et de fournir une vision « *high level* » de sa politique en matière de prix de transfert. Pour ce qui est de sa forme, même si une certaine liberté est observable sur sa présentation par les groupes multinationaux, il reste néanmoins qu'il doit impérativement contenir un certain nombre d'informations jugées impératives.

Dans le contexte gabonais, ces informations sont distinctement indiquées au point 1 de l'Instruction n° 0001/MEPPD/SG/DGI/DLC.

Dans ces conditions, le Master file doit donc comprendre principalement :

- Une présentation de la structure organisationnelle du groupe multinational ;
- Une description du (des) domaine(s) d'activité du groupe multinational ;
- La présentation des actifs incorporels du groupe multinational ;
- Une présentation des activités financières interentreprises du groupe multinational ;
- Un état des situations financière et fiscale du groupe multinational.

1.1 La présentation de la structure organisationnelle

Cette section du fichier principal vise à fournir une présentation de la structure juridique et capitalistique du groupe multinational d'une part, ainsi que la localisation géographique des entités opérationnelles, d'autre part.

Dans la pratique, le groupe présente dans cette partie :
– une description succincte du groupe et de la nature de ses opérations, son actionnariat, etc. ;
– un historique de la formation du groupe (les principales dates, les regroupements d'entreprises intervenus, les acquisitions, les changements d'orientation stratégique, etc.) ;
– un organigramme juridique faisant distinctement apparaître les taux de participation (directes, indirectes, croisées) entre les entités composant le groupe (voir schéma indicatif ci-dessous) :

Illustration 13 : Structure organisationnelle indicative du groupe fictif « Holding Gabon PT » – Organigramme juridique

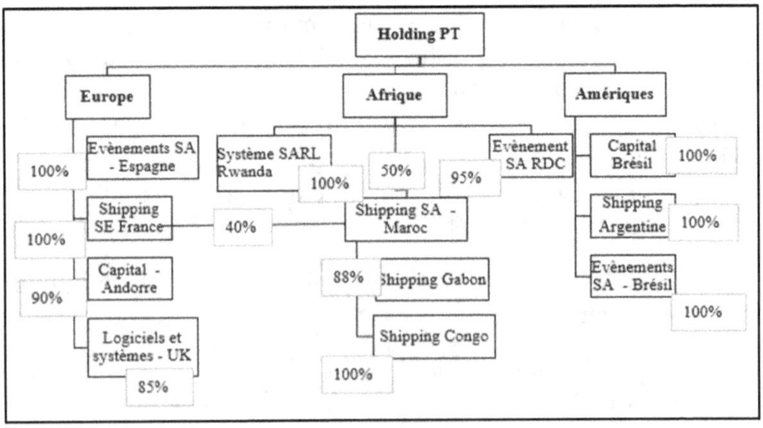

Il est également possible d'opter pour une présentation dite économique, tel que :

Illustration 14 : Structure organisationnelle indicative du groupe fictif – Organigramme économique.

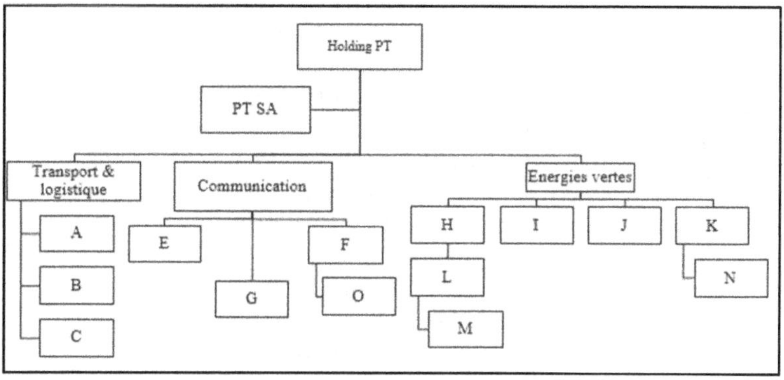

1.2 Description du (des) domaine(s) d'activité du groupe multinational

Cette section inclut une description écrite générale des activités réalisées à l'échelle du groupe. Nous avons dans le tableau ci-dessous, résumé les informations à fournir (colonne 2) auxquelles des commentaires pratiques (colonne 1 et 3) ont été adjoints.

Information recherchée par l'administration fiscale	**Nature des informations à fournir**	**Commentaires**
Quels produits assurent la subsistance du groupe ?	Les sources importantes de bénéfices de l'entreprise.	

Information recherchée par l'administration fiscale	**Nature des informations à fournir**	**Commentaires**
Comment se fait la création de la valeur dans le groupe ?	Une description de la chaîne d'approvisionnement des cinq principaux biens et/ou services offerts par le groupe (classés en fonction du chiffre d'affaires) ainsi que de tout autre bien et/ou service représentant plus de 5 pour cent du chiffre d'affaires du groupe.	Dans la pratique, un schéma ou diagramme est produit.
Quels sont les contrats-cadres qui lient les sociétés du groupe ?	Une liste et une brève description des accords importants de prestation de services entre membres du groupe multinational, autres que les services de recherche et développement (R&D), incluant une description des capacités des principaux sites fournissant des services importants et des politiques appliquées en matière de prix de transfert pour répartir les coûts des services et déterminer les prix facturés pour les services intragroupes.	Au regard de la chaîne de valeur décrite *supra*, il s'agit de préciser si le groupe a formalisé des conventions de partage des coûts et des bénéfices entre les composantes pour chacun des flux.
Qui achète vos produits ?	Une description des principaux marchés géographiques pour les biens et services du groupe produits par le groupe.	Cette partie peut déjà fournir des informations clés sur l'existence de comparables internes ou externes.

Information recherchée par l'administration fiscale	**Nature des informations à fournir**	**Commentaires**
Quelles entités supportent les risques le plus critiques, exercent les fonctions centrales et investissent le plus de moyen ?	Une brève analyse fonctionnelle écrite décrivant les principales contributions des différentes entités du groupe à la création de valeur, c'est-à-dire les fonctions clés exercées, les risques importants assumés et les actifs importants utilisés.	Point névralgique de la documentation des prix de transfert. L'analyse fonctionnelle est à préparer avec le plus grand soin.
Y a-t-il eu de nouvelles entrées/sorties de périmètre ?	Une description des opérations importantes de réorganisation d'entreprise ainsi que d'acquisition et de cession d'actifs intervenant au cours de l'exercice fiscal.	Il convient de vérifier l'alignement entre le contenu de cette section et le point 1 du *Master file.*

1.3 Actifs incorporels du groupe multinational

La norme IAS 38 définit une immobilisation incorporelle comme « un actif non monétaire[109] identifiable sans substance physique ». C'est donc une ressource contrôlée par la société, intangible, non monétaire mais parfaitement identifiable indépendamment de l'entreprise elle-même. Les actifs incorporels les plus couramment rencontrés sont les marques, les licences, les brevets, les relations de clientèle[110], le *goodwill.*
Ces actifs, grâce à leur détention, génèrent des avantages économiques qui profitent aux entités qui les contrôlent ou à leurs parties liées. D'une manière générale, leur détention confère des avantages stratégiques susceptibles d'être monnayés. C'est le cas, par exemple, d'une société qui détient et a protégé une

[109] Les actifs non monétaires sont des actifs dont la valeur monétaire ne peut être déterminée avec précision.
[110] Ou Fonds de commerce.

marque forte, et qui facture des redevances à toutes les parties liées qui la reprennent à leurs comptes sur leurs marchés domestiques respectifs.
Dans ce contexte, il nait plusieurs flux qui entrent dans le champ des prix de transfert et doivent donc être pris en compte dans la documentation de la politique du groupe en la matière. Sur ce point, et relativement aux actifs incorporels, le *Master file* doit comporter :

- Une description générale de la stratégie globale du groupe multinational en matière de mise au point, de propriété et d'exploitation des actifs incorporels, notamment la localisation des principales installations de R&D et celle de la direction des activités de R&D ;

- Une liste des actifs incorporels ou des catégories d'actifs incorporels du groupe multinational qui sont importants pour l'établissement des prix de transfert, ainsi que des entités qui en sont légalement propriétaires ;

- Une liste des accords importants entre entreprises associées identifiées relatifs aux actifs incorporels, y compris les accords de répartition des coûts, les principaux accords de services de recherche et les accords de licence ;

- Une description générale des politiques du groupe en matière de prix de transfert relatives à la R&D et aux actifs incorporels ;

- Une description générale des éventuels transferts importants de parts d'actifs incorporels entre entreprises associées au cours de l'exercice fiscal considéré, mentionnant les entités, les pays et les rémunérations correspondantes.

1.4 Activités financières interentreprises du groupe multinational

Cette section du *Master file* vise principalement à répondre aux questions suivantes : quelle est l'origine de la trésorerie à partir de laquelle fonctionne le groupe ? Comment ses ressources sont-elles réparties ou (re)distribuées entre les sociétés du groupe et quel en est le coût ?

Dans ce contexte, l'instruction fiscale n° 0001/MEPPD/SG/DGI/DLC, relative aux obligations documentaires et déclaratives en matière de prix de transfert du 22 juin 2018, précise que cette partie du *Master file* doit clairement mentionner :

- La description générale de la façon dont le groupe est financé, y compris des accords de financement importants conclus avec des prêteurs indépendants du groupe multinational ;

- L'identification de tous les membres du groupe multinational exerçant une fonction centrale de financement pour le groupe, y compris du pays de constitution des entités considérées et de leur siège de direction effective[111] ;

- Une description générale des politiques du groupe multinational en matière de prix de transfert relatives aux accords de financement entre entreprises associées[112].

En pratique, les informations à fournir dans cette partie du fichier principal sont en rapport avec les opérations suivantes :

- Les prêts intragroupes (comptes courants d'associés ou d'actionnaires, etc.) rémunérés ou non ;

- Les opérations liées à la gestion centralisée de la trésorerie (échelle d'intérêt, caractère de pleine concurrence des taux appliqués) ;

- Les assurances captives[113].

---

[111] Ce point particulier traite notamment des activités de « *Cash pooling* » (gestion centralisée de la trésorerie par un département d'une des sociétés du groupe ou même par une entité du groupe spécialement créée) qui peuvent être mises en place par le groupe.

[112] Il est clé dans cette section de bien indiquer les taux d'intérêt appliqués, leur source, les conditions de refinancement, etc. Cependant d'une manière générale, ce marché étant très dynamique et avec une forte disponibilité de l'information, les taux appliqués relèvent traditionnellement de la méthode CUP.

[113] En matière de gestion des risques, les groupes d'entreprises multinationales peuvent « choisir de constituer des réserves, de préfinancer des sinistres

1.5 Situations financière et fiscale du groupe multinational

Cette partie permet à l'administration fiscale d'apprécier les performances économiques et financières des sociétés comprises dans le périmètre de consolidation d'une part, et d'obtenir communication/confirmations des *rulings* en cours de validité, d'autre part.

De ce fait, cette section est essentiellement complétée au moyen de documents annexes, sans nécessiter de fournir d'importantes descriptions.

Ainsi, pour cette section, le *Master file* doit contenir :

- Les états financiers consolidés annuels du groupe multinational pour l'exercice fiscal considéré contrôlé ;
- Une liste complétée par une description brève des accords préalables en matière de prix de transfert (APP) unilatéraux conclus par le groupe ;
- Une liste complétée par une description brève d'autres décisions des autorités fiscales concernant la répartition des bénéfices entre pays.

L'instruction fiscale précise par ailleurs que ces documents sont fournis au format dématérialisé PDF et doivent impérativement être lisibles.

Section 2 : Le contenu du *Country file*

À la différence du fichier principal qui traite des opérations à l'échelle du groupe (ou d'un palier de consolidation dans certains cas), le fichier local est spécifique à une entité du groupe et est

---

potentiels, de s'auto-assurer, de contracter une assurance auprès de tiers ou simplement d'assumer le risque spécifique. » Dans d'autres situations, le groupe peut décider de consolider certains risques par l'intermédiaire d'une société d'assurance dite « captive ». Extraits de (OCDE (2020), « Instructions sur les prix de transfert relatives aux transactions financières : Cadre inclusif sur le BEPS : Actions 4, 8-10 », OCDE, Paris, www.oecd.org/fr/fiscalite/beps/instructions-sur-les-prix-de-transfert-relatives-aux-transactionsfinancieres-cadre-inclusif-sur-le-beps-actions-4-8-10.htm.).

destiné à l'administration fiscale du pays d'implantation. Il est la déclinaison domestique du *Master file* et fournit une vue plus détaillée des opérations intervenues, il corrobore les politiques contenues dans le *Master file* en matière de détermination des prix de transfert. Le *Local file* comprend, a minima, les trois grandes parties suivantes :

- Une présentation de l'entité et de ses opérations ;
- Une description détaillée des transactions contrôlées et du caractère de pleine concurrence des prix appliqués ;
- La communication d'une sélection d'informations financières.

2.1 Présentation de l'entité et de ses opérations

Nous avons résumé dans le tableau ci-dessous les informations attendues, complétées par des commentaires pratiques de mise en œuvre (colonne 3) et un cross-référencement avec les sections correspondantes des formulaires fiscaux (colonne 1) :

Section du formulaire fiscal PT02	**Informations à fournir**	**Commentaires**
A1 A2	Une description de la structure de gestion de l'entité locale, un organigramme local et une description des personnes auxquelles l'encadrement local rend des comptes et du (des) pays dans lequel (lesquels) se trouve l'établissement principal de ces personnes.	Il faut notamment inclure : – la forme juridique, – la date de création, – le métier principal, – le nombre de sites (ou d'agences), – l'organisation des équipes opérationnelles, – les fonctions clés de l'organigramme.

Section du formulaire fiscal PT02	**Informations à fournir**	**Commentaires**
A3 A4	Une description précise des activités effectuées et de la stratégie d'entreprise mise en œuvre par l'entité locale, indiquant notamment si cette entité locale a été impliquée dans ou affectée par des réorganisations d'entreprises ou des transferts d'actifs incorporels pendant l'année en cours ou la précédente, et expliquant quels sont les aspects de ces transactions qui affectent l'entité locale.	Deux principaux points sont à couvrir dans cette section : – Mettre en lumière, de façon plus détaillée que dans le MF, les métiers de la société, ses orientations stratégiques à court, moyen et long terme. – Préciser si la société a été impliquée dans une transaction de rapprochement au cours de la période contrôlée (fusion, acquisition, scission, cession de branches d'activités, etc.).
A5	Fournir une liste des principaux concurrents de la société.	Pour le *Local file*, lorsque de telles informations sont disponibles, il est appréciable de compléter la liste des concurrents avec des données permettant de mesurer l'intensité concurrentielle (parts de marchés, analyse par segments, technologie différenciante, etc.).

2.2 Transactions contrôlées

Cette partie du document est critique et doit être préparée avec la plus grande minutie. L'essentiel des informations sur la base desquelles les opérations et les prix de transfert peuvent être challengés par l'administration fiscale y est contenu. Dans ce cadre, il convient d'être sensibilisé au fait que chaque mot, chaque tournure, chaque chiffre compte et peut être retenu contre l'entité déclarante dans le contexte d'une vérification des prix de transfert.

Ainsi, l'instruction fiscale dispose que, pour chaque catégorie importante de transactions contrôlées dans lesquelles l'entité est impliquée, les informations ci-après doivent être produites (colonne 2 de la synthèse proposée ci-dessous) :

Section du formulaire fiscal PT02	**Informations à fournir**	**Commentaires**
B1	Une description des transactions contrôlées importantes (telles que l'achat de services de fabrication, l'acquisition de biens, la fourniture de services, les prêts, les garanties financières et garanties de bonne exécution, la concession de licences portant sur des actifs incorporels, etc.) et du contexte dans lequel se déroulent ces transactions.	Il s'agit de présenter de façon claire toutes les opérations intervenues avec des sociétés liées situées dans un pays différent. Ces transactions donneront lieu par la suite à la démonstration de leur caractère de pleine concurrence.
B2	Une identification des entreprises associées impliquées dans chaque catégorie de transactions contrôlées et des relations qu'elles entretiennent.	
	Une copie de tous les accords interentreprises importants conclus par l'entité locale.	Copies lisibles et traduites dans la langue officielle du Gabon.

Section du formulaire fiscal PT02	Informations à fournir	Commentaires
B3 B4 B5 B6	Les montants des paiements et recettes intragroupes pour chaque catégorie de transactions contrôlées impliquant l'entité locale (c'est-à-dire des paiements et recettes correspondant à des biens, des services, des redevances, des intérêts, etc.) ventilés en fonction de la juridiction fiscale du payeur ou du bénéficiaire étranger.	Communiquer le montant cumulé des flux en veillant sur le sens (charges ou produits).
B7	**La démonstration de la pertinence de la méthode de PT retenue pour chacune des transactions contrôlées, avec la démarche proposée ci-dessous :**	
B7a	Une analyse de comparabilité et une analyse fonctionnelle détaillées du contribuable et des entreprises associées pertinentes pour chaque catégorie de transactions contrôlées évoquées dans la documentation, y compris les éventuels changements par rapport aux années précédentes.	L'analyse du rôle, des fonctions, des risques de l'entité étudiée doit être préparée et documentée de façon aussi précise et détaillée que possible.
B7b	Une indication de la méthode de détermination des prix de transfert la plus adaptée au regard de la catégorie de transactions considérée et des raisons pour lesquelles cette méthode a été choisie.	Démontrer en quoi la méthode choisie (CUP, *Cost Plus*, TNMM, etc.) est la plus pertinente pour refléter le niveau de rémunération de la transaction.

Section du formulaire fiscal PT02	Informations à fournir	Commentaires
B7c	Une indication de l'entreprise associée choisie comme partie testée, le cas échéant, et une explication des raisons de cette sélection.	D'une manière générale, les transactions sont testées au niveau de l'entreprise ayant les flux les moins complexes (le routinier).
B7d	Une synthèse des hypothèses importantes qui ont été posées pour appliquer la méthode de fixation des prix de transfert retenue.	
B7e	Le cas échéant, une explication des raisons pour lesquelles une analyse pluriannuelle a été réalisée.	Une analyse pluriannuelle peut être utile pour montrer le lissage d'un résultat, la pertinence d'une méthode, la cohérence dans le temps d'une option/hypothèse/d'un résultat.
B7f	Une liste et une description de certaines transactions comparables sur le marché libre (internes ou externes), le cas échéant, et des informations sur les indicateurs financiers pertinents relatifs à des entreprises indépendantes, utilisés dans le cadre de l'analyse des prix de transfert, y compris une description de la méthode de recherche de données comparables et de la	Cf. Analyse économique et travaux de *benchmark*.

	source de ces informations.	
Section du formulaire fiscal PT02	**Informations à fournir**	**Commentaires**
B7g	Une description des éventuels ajustements de comparabilité effectués, étant entendu qu'il conviendra d'indiquer si ces ajustements ont été apportés aux résultats de la partie testée, aux transactions comparables sur le marché libre, ou aux deux.	Les ajustements de comparables visent à éliminer certains impacts afin d'homogénéiser les bases de comparaisons. Le recours aux ajustements est cependant conditionné par la nécessité d'améliorer la fiabilité de l'analyse des prix de transfert. À titre indicatif, les ajustements de comparabilité peuvent inclure les corrections suivantes : – sur les coûts de financement, – sur les modalités de paiement, – sur les différences spécifiques nées des termes d'un contrat (conditions de livraison, le fret, la gestion du risque douanier, etc.), – sur les taux de change, – sur les différents niveaux de risque, – sur les volumes d'achats, – etc.

Section du formulaire fiscal PT02	Informations à fournir	Commentaires
B7h	Une description des raisons pour lesquelles il a été conclu que les prix des transactions examinées avaient été établis conformément au principe de pleine concurrence via l'application de la méthode de détermination des prix de transfert retenue.	En principe, il s'agit de la conclusion de l'analyse économique à opérer pour chacune des transactions contrôlées. Lorsque l'analyse permet de noter que le prix appliqué est inscrit dans un intervalle dit de pleine concurrence, alors le prix de transfert est présumé de pleine concurrence.
B7i	Une synthèse des informations financières utilisées pour appliquer la méthode de détermination des prix de transfert.	Synthèse généralement fournie en annexes, il faut documenter, ici, les sources des travaux, les analyses et les conclusions (exemple, états financiers, ratios financiers, etc.).
B7j	Une copie des accords de fixation préalable de prix de transfert (APP) unilatéraux, bilatéraux et multilatéraux existants ainsi que des autres décisions des autorités fiscales auxquelles la juridiction fiscale locale n'est pas partie, et qui sont liées à des transactions contrôlées décrites plus haut.	Condition de facile consultabilité par l'administration à considérer.

2.3 Informations financières

Dans cette section du *Local file*, il faut mettre à la disposition de l'administration fiscale et joindre :

Section du formulaire fiscal PT02	**Informations à fournir**	**Commentaires**
C1	Les comptes financiers annuels de l'entité locale pour l'exercice fiscal considéré. S'il existe des états financiers vérifiés, ils doivent être fournis et, dans le cas contraire, il conviendra de fournir les états financiers non vérifiés existants.	Fournir de préférence les états financiers audités et/ou certifiés par les commissaires aux comptes.
C2	Des informations et des tableaux de répartition montrant comment les données financières utilisées pour appliquer la méthode de détermination des prix de transfert peuvent être reliées aux états financiers annuels.	Les données financières et les résultats des travaux doivent être cross-référencés dans le document (ou inclure des renvois permettant de faire le lien immédiat entre les résultats et les états sources). Ce point vise à faciliter le travail de recoupement de l'administration fiscale et est aussi un élément d'autocontrôle pour les personnes en charge de la préparation de la documentation des prix de transfert.

Section du formulaire fisçal PT02	Informations à fournir	Commentaires
C3	Tableaux synthétiques des données financières se rapportant aux comparables utilisés dans le cadre de l'analyse et des sources dont sont tirées ces données.	Il s'agit des annexes à l'analyse économique et au *benchmarking*. On peut y compter : – la description des sites ou bases consultés, – les critères utilisés, – le nombre d'observations comparables, – la matrice de rejet, – la matrice d'acceptation, – la liste des ajustements de comparable, – le calcul et la synthèse des intervalles interquartiles – etc.

La préparation du *Master file* et du *Local file* est un exercice technique et, dans certains cas, très complexe. Aussi, afin de s'assurer d'avoir couvert les principales attentes de l'administration fiscale, les propositions de check-lists fournies en annexes 1 et 2 peuvent être utilisées pour s'autocontrôler.

Au-delà des *Master* et *Local files* à fournir à la DGI, la déclaration doit s'accompagner des formulaires fiscaux dédiés et annexés à l'Instruction n° 0001 de 2018. Il s'agit notamment des formulaires suivants : DPP01, DPP02, PT01 et PT02.

Dans le chapitre suivant, nous examinons ligne par ligne les informations à produire par le contribuable pour compléter et soumettre lesdits formulaires à l'administration fiscale dans le cadre de la satisfaction de leurs obligations déclaratives.

Chapitre 2 : Les obligations déclaratives en matière de prix de transfert : comment compléter les formulaires fiscaux dédiés en matière de prix de transfert ?

Les formulaires présentent, de façon plus condensée, certaines des informations déjà produites dans le *Master file* et le *Local.* Ils sont destinés à fournir une information claire, succincte et précise dans le cadre de l'exploitation des déclarations par l'administration fiscale. Contrairement aux *Master* et *Local files*, ils sont datés, signés et cachetés par le représentant légal ou un responsable habilité de la société déclarante, et sont de ce fait engageants pour l'entité.

Afin de ne pas faire d'erreur ou fournir des informations contradictoires avec celles produites dans le *Master* et le *Local file*, il est utile de cerner les attentes liées à chacun des formulaires. C'est l'objet du présent chapitre.

Note : Les numéros portés en face des champs à renseigner sur les formulaires sont repris par la suite dans un tableau synthétique qui indique les *guidances* pour compléter les formulaires fiscaux.

Section 1 : Les formulaires DPP01 et DPP02

Bien que les obligations relatives à la déclaration pays par pays soient suspendues au Gabon, nous présentons tour à tour comment compléter les champs des deux formulaires.

1.1 Le formulaire DPP01 – Parties 1 à 3

MINISTERE DE L'ECONOMIE ET DES PARTICIPATIONS

SECRETARIAT GENERAL

DIRECTION GENERALE DES IMPÔTS

BP: 45/37 ☎ +241 79 57 76/77

FAX: 79 57 98

DPP01

❶

IDENTIFICATION
DE L'ENTITE DECLARANTE

❷ ❸

NIF du contribuable: | | | | | | | |

Exercice : ❹	A cocher/remplir
1. Entité mère tête de groupe	
Votre société est l'entité mère tête du groupe	☐ ❺
Si votre société n'est pas l'entité mère tête du groupe, veuillez indiquer quelle est l'entité mère tête du groupe	
Raison sociale de l'entité mère tête du groupe	....
Code pays de l'entité mère tête du groupe	....
Numéro d'identification fiscale de l'entité mère tête du groupe	.... ❻
Adresse complète de l'entité mère tête du groupe	....
2. Entité mère de substitution	
Votre société est l'entité mère de substitution	☐ ❼
3. Entité locale membre du groupe	
Votre société est une entité constutive locale conformément à l'article P-831 ter pour la raison suivante (plusieurs options sont possibles):	
elle a été désignée par le groupe pour déposer la déclaration pays par pays et en a informé l'administration fiscale	☐
l'entité mère tête de groupe n'est pas tenue de déposer une déclaration pays par pays dans sa juridiction de résidence fiscale	☐
la juridiction où réside l'Entité mère tête du groupe à des fins fiscales a conclu un accord international avec le Gabon mais n'a pas d'accord éligible avec le Gabon pour l'échange des déclarations pays par pays	☐ ❽
la juridiction de résidence fiscale de l'entité mère tête du groupe a suspendu l'échange automatique des déclarations pays par pays, ou a négligé de façon persistante de transmettre automatiquement au Gabon, les déclarations pays par pays.	☐

1.2 Le formulaire DPP01 – Partie 4

4. votre entreprise n'est pas l'entité déclarante		
L'entité déclarante est l'entité mère tête du groupe	☐	⑨
Si l'entité déclarante n'est pas l'entité mère tête du groupe :		
Raison sociale de l'entité déclarante	....	
Code pays de l'entité déclarante	....	
Numéro d'identification fiscale de l'entité déclarante	....	⑩
Adresse complète de l'entité déclarante	....	
Signature	**Fait à** ...., **le**..	⓫

	Commentaires indicatifs d'aide à la préparation du formulaire
1	Zone réservée à la DGI pour accuser réception du formulaire.
2	Donner le numéro d'identifiant fiscal de la société gabonaise.
3	Donner le numéro, la raison sociale de la société gabonaise.
4	Renseigner l'exercice fiscal (au maximum de 18 mois).
5	Cocher uniquement si la société gabonaise est la société mère du groupe.
6	Présenter la tête du groupe, si le point 5 n'a pas été coché. – Raison sociale : dénomination de la société ; – Code pays : Se référer à la table des Codes de pays (ISO 3166-1 et alpha-2) ; – Identifiant fiscal : exemples : le NIF, le SIREN/SIRET (France), TIN (aux USA, *Taxpayer Identification Number*) ; – Adresse : Compléter avec l'adresse du siège social connu.
7	Cocher si la société gabonaise se substitue à la tête du groupe pour réaliser la déclaration CbCr. Donner les raisons au point 8.
8	À compléter uniquement si c'est la société gabonaise qui procède à la déclaration bien que n'étant pas l'entité mère. Cocher la case qui correspond à la situation. Attention à la cohérence avec le point 7.
9	Cocher si la société qui réalise la déclaration CbCr est la société mère du groupe.
10	À compléter uniquement si ni la société gabonaise, ni la société mère n'ont été désignées pour procéder à la déclaration CbCr. Pour les informations à renseigner, se reporter aux indications du point 6.
11	Signature d'un responsable habilité (DG, DAF…) ; Date et lieu d'établissement du formulaire ; Cachet de la société.

1.3 Le formulaire DPP02 – Partie 1 :

MINISTERE DE l'ECONOMIE ET DES PARTICIPATIONS

SECRETARIAT GENERAL

DIRECTION GENERALE DES IMPÔTS

BP : 45/37 ☎ +241 79 57 76/77
Fax : +241 79 57 98

DPP02

❶

DECLARATION PAYS PAR PAYS

Exercice fiscal du .... **au** .... ❷

N° du contribuable : | | | | | | | ❸

Raison sociale (entité déclarante) : .... ❹

Tableau1. **REPARTITION DES BENEFICES, DES IMPÔTS ET DES ACTIVITES PAR JURIDICTION FISCALE**

Nom du groupe d'entreprises multinationales : .... ❺

Exercice fiscal considéré : .... ❻

Monnaie utilisée : .... ❼

Juridiction fiscale	Chiffre d'affaires			Bénéfice (perte) avant impôts	Impôts sur les Bénéfices acquittés (sur la base des règlements effectifs)	Impôts sur les bénéfices dus - année en cours	Capital social	Bénéfices non distribués	Nombre d'employés	Actifs corporels hors trésorerie et équivalents de trésorerie
	Partie indépendante	Partie liée	Total							
❽	❾	❿	⓫	⓬	⓭	⓮	⓯	⓰	⓱	⓲

	Commentaires indicatifs d'aide à la préparation du formulaire
1	Zone réservée à la DGI pour accuser réception du formulaire.
2	Renseigner l'exercice fiscal (au maximum de 18 mois).
3	Donner le numéro d'identifiant fiscal de la société déclarante.
4	Raison sociale de la société désignée pour réaliser la déclaration pays par pays.
5	Nom d'usage du groupe d'entreprise
6	Préciser l'exercice fiscal au titre duquel les flux sont déclarés.
7	Indiquer la devise (XAF, EUR, USD, AUD, etc.).
8	Renseigner le pays de résidence/domiciliation des entreprises.
9	Ventilation du Chiffre d'affaires (CA) – Indiquer ici le total du CA réalisé avec des sociétés n'appartenant pas au groupe ou dites non-liées. Le CA correspond aux opérations réalisées dans un pays/territoire donné (exemple : Tout le CA réalisé par les sociétés opérant en France ou au Gabon ou au Maroc).
10	Ventilation du CA – Indiquer ici le total du CA réalisé avec des sociétés appartenant au groupe ou dites liées. Le CA correspond aux opérations réalisées dans un pays/territoire donné.
11	S'assurer que le total de la colonne correspond à la somme des flux renseignés en « 9 » et « 10 ».

Commentaires indicatifs d'aide à la préparation du formulaire (suite et fin)	
12	Renseigner la somme des bénéfices par société avant.
13	Somme des décaissements effectifs en matière d'IS des sociétés d'un pays/territoire donné.
14	Solde d'IS non encore payé des sociétés d'un pays/territoire donné.
15	Cumul du capital social pour toutes les entreprises du périmètre pour un pays donné.
16	Cumul des réserves distribuables pour toutes les entreprises du périmètre pour un pays donné.
17	Renseigner les effectifs totaux pour toutes les entreprises du périmètre pour un pays donné.
18	Correspond pour l'essentiel à la somme des valeurs nettes des immobilisations corporelles et des stocks portés sur les états financiers des sociétés comprises dans la juridiction concernée.

1.4 Le formulaire DPP02 – Partie 2 :

Tableau 2. **LISTES DE TOUTES LES ENTITES CONSTITUTIVES DU GROUPE D'ENTREPRISES MULTINATIONALES CORRESPONDANT AUX DONNEES AGREGEES PAR JURIDICTION FISCALE**

Nom du groupe d'entreprises multinationales :..❶

Exercice fiscal considéré :..❷

Juridiction fiscale ❸	Entités constitutives résidentes de la idiction fiscale ❹	Juridiction fiscale de constitution si elle diffère de la juridiction fiscale de résidence ❺	Pricipales activités (une case minimum à cocher par entité) ❻												
			Recherche-développement (R&D)	Détention ou gestion de droits de propriété intellectuelle	Achats ou approvisionnements	Fabrication ou production	Vente, commercialisation ou distribution	Services administratifs, de gestion ou de soutien	Fournitures de services à des parties indépendantes	Financement interne du groupe	Services financiers réglementés	Assurance	Détention d'actions ou d'autres instruments de fonds propres	Activités dormantes	Autres[1]
....	1.	....													
	2.	....													
	3.	....													

1. Veuillez préciser la nature de l'activité de l'entité constitutive dans le tableau 3 « Informations complémentaires ». ❼

	Commentaires indicatifs d'aide à la préparation du formulaire
1	Nom d'usage du groupe d'entreprise.
2	Préciser l'exercice fiscal au titre duquel les flux sont déclarés.
3	Renseigner le pays de résidence/domiciliation des entreprises.
4	Compléter par les raisons sociales des entreprises.
5	À compléter uniquement (en précisant le pays/territoire) si le pays de résidence est différent du pays dans lequel la société a été créée.
6	Cocher la case qui correspond à la nature des activités pour chacune des sociétés du périmètre de déclaration CbCr.
7	Case à cocher si l'activité de l'entreprise ne correspond pas à l'une des propositions du formulaire. Dans ce cas, il faut compléter la partie n° 3 du formulaire, en fournissant le niveau de détail convenable.

1.5 Le formulaire DPP02 – Partie 3 :

« Voir le commentaire du point 7 ci-dessus. »

Tableau 3. **INFORMATIONS COMPLEMENTAIRES**
Nom du groupe d'entreprises multinationales : .... **Exercice fiscal considéré : ....**
(Veuillez ajouter dans cette rubrique les informations ou explications succintes complémenntaires qui vous semblent nécessaires ou qui vous faciliterait la compréhension des informations obligatoires fournies dans la déclaration pays par pays.) ....

Section 2 : Les formulaires PT01 et PT02

2.1 Le formulaire PT01 :

Ce formulaire ne pose pas de difficulté particulière dès le moment où le *Master file* a été préparé par ailleurs.

MINISTERE DE L'ECONOMIE ET DES PARTICIPATIONS

SECRETARIAT GENERAL

DIRECTION GENERALE DES IMPOTS

BP : 45/37 ☎ +241 79 57 76/77
FAX : 79 57 98

PT01

RÉPUBLIQUE GABONAISE — UNION • TRAVAIL • JUSTICE

FICHIER PRINCIPAL

Date de réception et cachet du service ❶

Exercice d'imposition : du .... au .... ❷

N° du contribuable : ❸ | | | | | | | |

Raison sociale : .... ❹

I. **Structure organisationnelle**

❺

II. **Description du (des) domaine(s) d'activité du groupe multinational**

❺

III. **Actifs incorporels du groupe multinational**

❺

IV. **Activités financières interentreprises du groupe multinational**

❺

V. **Situation financière et fiscale du groupe multinational**

❺

Annexes ❻		Ajout PDF lisible
I.	Structure organisationnelle	☐
II.	Description du (des) domaine(s) d'activité du groupe multinational	☐
III.	Actifs incorporels du groupe multinational	☐
IV.	Activités financières interentreprises du groupe multinational	☐
V.	Situation financière et fiscale du groupe multinational	☐

Signature **Fait à ……………………, le …………… ❼**

	Commentaires indicatifs d'aide à la préparation du formulaire
1	Zone réservée à la DGI pour accuser réception du formulaire.
2	Préciser l'exercice fiscal (maximum 18 mois).
3	Renseigner le numéro d'identification fiscal (NIF).
4	Raison sociale de la société gabonaise.
5	Pour les points 1 à 5, lorsque le *Master file* est préparé, il peut suffire de faire des renvois aux parties concernées du MF (section, numéro de page)[114] ; Si le MF n'a pas été rédigé de façon séparée, il est possible de fournir les descriptifs demandés dans les champs prévus du formulaire.
6	Cocher les éléments effectivement annexés au *Master file* en veillant à la qualité des copies.

[114] Cross référencement.

	Attention à la langue des documents qui doit être la langue officielle du Gabon.
7	Signature d'un responsable habilité (DG, DAF…) ; Date et lieu d'établissement du formulaire ; Cachet de la société.

2.2 Le formulaire PT02 – Partie A.1

MINISTERE DE L'ECONOMIE ET DE LA RELANCE
SECRETARIAT GENERAL
DIRECTION GENERALE DES IMPOTS
BP : 45/37 ☎ +241 79 57 76/77
FAX : 79 57 98

PT02

FICHIER LOCAL

Date de réception et cachet du service ❶

Exercice fiscal : du .... au .... ❷

N° du contribuable : ❸

Raison sociale : .... ❹

A. RENSEIGNEMENTS GENERAUX SUR L'ENTITE LOCALE

1. Description de la structure de gestion de l'entité locale

	Période imposable : 20XX ❺
Description de la structure de gestion de l'entité établie au Gabon	*(Il s'agit ici de décrire tant la structure juridique que la structure opérationnelle. La direction et le personnel de direction de l'entreprise doivent être au minimum décrits.)* ❻

	Commentaires indicatifs d'aide à la préparation du formulaire
1	Zone réservée à la DGI pour accuser réception du formulaire.
2	Préciser l'exercice fiscal (maximum 18 mois).
3	Renseigner le numéro d'identification fiscal (NIF).
4	Raison sociale de la société gabonaise.
5	Préciser l'exercice fiscal (maximum 18 mois).
6	Présenter la société gabonaise en quelques lignes (forme juridique, activité, organisation fonctionnelle, nombre d'agences/sites, etc.).

2.3 *Le formulaire PT02 – Parties A.2 à A.3*

2. Structure organisationnelle ❼

(i) Actionnaires

Numéro d'identification de la société	Nom de la société	Participation	Pays

(ii) Participations directes sur lesquelles l'entité locale exerce un contrôle

Numéro d'identification de la société	Nom de la société	Participation	Pays

3. Activités de l'entreprise locale ❽

Activité	Description précise de l'activité	Stratégie de l'entreprise

- **Chiffre d'affaires de l'entreprise locale correspondant à chacune des activités ❾**

Chiffres d'affaires	Partie liée	Partie non liée	Total

	Commentaires indicatifs d'aide à la préparation du formulaire
7	Cette partie du questionnaire couvre deux natures d'informations à fournir, à avoir : – la présentation des actionnaires de la société gabonaise (i), – la présentation des participations détenues par la société gabonaise (ii). (i) Lister les actionnaires (personnes morales ou physiques) en précisant les taux de participation. Bien s'assurer que le total des actions/parts sociales est bien de 100 %. (ii) Lister les entités dans lesquelles notre société détient des titres (actions, parts sociales). En l'absence de participation, marquer dans la première ligne « Non applicable ».
8	Trois colonnes à compléter : – Activité : renseigner en ligne les différents métiers de la société. Exemple : vente de pièces de rechange, prestations de maintenance, service après-vente… – Description précise de l'activité : Fournir en quelques lignes l'objet de chaque métier, les principaux clients (privés, État, particulier), équipements particuliers, etc. – Stratégie : Fournir des indications sur les principales orientations stratégiques par ligne d'activités. Au regard du caractère sensible de certaines informations, cette section est traditionnellement complétée de façon laconique par les contribuables.

9	Il s'agit de ventiler le chiffre d'affaires réalisé au cours de l'exercice contrôlé entre : – les différents métiers, et – la nature des clients (sociétés du groupe et sociétés indépendantes). Il faut s'assurer que le CA de la colonne Total correspond bien à la somme des CA par ligne et que le cumul correspond bien au CA porté sur la liasse fiscale (ligne « XB » du compte de résultat).

2.4 Le formulaire PT02 – Parties A.4 à A.5

4. Données principales ❶ ⓫

	Période imposable 20XX
Entité mère de groupe :	
Nom de l'entité mère ultime	
Pays de l'entité mère ultime	
Numéro d'identification fiscale de l'entité mère ultime	
Maison mère étrangère et établissement stables étrangers :	
Votre société dispose d'établissements stables étrangers	☐
Pays dans lesquels les établissements étrangers sont établis	
Votre société est un établissement stable d'une maison mère étrangère	☐
Pays de la maison mère étrangère	
Numéro d'identification de la maison mère étrangère	
Restructurations :	
Votre société a fait l'objet d'une reprise, d'une fusion ou d'une scission au cours de l'exercice imposable	☐
Votre société a acquis une autre société ou activité professionnelle au cours de l'exercice imposable	☐
Votre société a connu des modifications dans la structure de l'actionnariat du groupe au cours de l'exercice imposable	☐
Votre société a été impliquée dans un transfert d'actif incorporel au cours de l'exercice	
(Veuillez expliquer quels sont les aspects de ces opérations qui affectent votre entreprise)	

5. Principaux concurrents ❶ ❶

Dénomination	Pays

	Commentaires indicatifs d'aide à la préparation du formulaire
10	Ci-dessous les champs à compléter : – Période imposable : Exercice au titre duquel les flux sont contrôlés. **Entité mère de groupe :** – Nom de l'entité mère ultime : Se référer aux informations fournies dans le formulaire DPP01. – Pays de l'entité mère ultime : Se référer aux informations fournies dans le formulaire DPP01. – Numéro d'identifiant fiscal de l'entité mère ultime : Se référer aux informations fournies dans le formulaire DPP01. **Maison mère étrangère et établissement stable étranger :** – Votre société dispose d'établissements stables étrangers : Ne cocher que si la société gabonaise détient/contrôle des établissements stables à l'extérieur du Gabon (filiales, succursales, etc.).

	– Votre société est un établissement stable d'une maison mère étrangère : Case en principe à cocher systématiquement. – Pays de la maison mère étrangère : Se référer aux informations fournies dans le formulaire DPP01. – Numéro d'identification de la maison mère étrangère : Se référer aux informations fournies dans le formulaire DPP01. **Restructurations :** [Ne cocher les cases que dans l'hypothèse où la société gabonaise pour laquelle les flux sont déclarés est impliquée dans une opération de restructuration (fusion, cession de branche d'activité, scission, etc.). Le cas échéant, fournir en quelques lignes le contexte des opérations et la situation finale pour la société gabonaise au terme des opérations de structurations (perte d'une branche d'activités, acquisition d'une nouvelle société, absorption d'une entreprise, etc.)].
11	Fournir une liste des principaux concurrents de la société et les pays de domiciliation fiscale.

2.5 Le formulaire PT02 – Parties B.1 à B.3

B. TRANSACTIONS CONTROLEES

1. Identification des transactions contrôlées ❶❷

Transaction contrôlée	Description de la transaction	Contexte	Entreprise associée impliquée / Pays
Achat de services de fabrication			
Acquisition de biens			
Fourniture de service			
Prêts			
Garanties financières de bonne exécution			
Concession de licence			
Etc.			

2. Identification des entreprises associées et accords interentreprises ❶❸

Transaction contrôlée	Entreprise associée/Code pays	Relation	Copie des accords interentreprises[1]
			☐
			☐
			☐

(1) Joindre les accords en rapport avec chaque opération (en PDF)

3. Transaction de marchandises transfrontalières liées, au cours de la période imposable ❶❹

Transaction contrôlée	Entreprise associée/ Pays	Méthode de fixation des prix de transfert appliquée	Fabrication, marchandises, approvisionnements		Immobilisations incorporelles	
			Ventes	Achats	Ventes	Achats

	Commentaires indicatifs d'aide à la préparation du formulaire
12	Lister les transactions dites « contrôlées » en fournissant une brève description de ces dernières, préciser le contexte (convention formalisée, opération courante, opération exceptionnelle, etc.) et préciser les sociétés facturées ou qui facturent (en indiquant les pays de résidence fiscale).
13	Ce tableau apporte deux informations complémentaires par rapport au précédent. Notamment, la nature de la relation entre les deux entités et

	la documentation des conventions correspondantes (lorsqu'elles existent). Ainsi pour ce tableau, il faut fournir : – Transaction contrôlée : en cohérence avec le tableau B1, reprendre en ligne les transactions une à une, – Entreprise associée/Code pays : Raison sociale de la société facturée ou qui facture à la société gabonaise / renseigner le Code pays (ISO 3166), – Relation : Préciser s'il s'agit d'une société sœur, de l'entité mère, – Copie des accords : Cocher uniquement si une convention existe et qu'elle sera jointe à la documentation.
14	En cohérence avec le tableau B2, reprendre en ligne les transactions et s'assurer qu'elles rentrent dans l'une des catégories du tableau, à savoir : Prestation de fabrication, achats de marchandises, achats de fournitures, immobilisations incorporelles (brevet, marques…). Préciser la méthode de prix de transfert pour chacun des flux (CUP, MTMN, *Cost Plus*, *Profit split*, etc.). Renseigner les montants en fonction du sens de la facturation* : – Reçue = Achats – Émise = Ventes (*) : Attention, pour les montants à renseigner, il faut privilégier la comptabilité d'engagement (Charges/Produits, Actifs/Passifs, incluant même les provisions) et non pas uniquement les sommes effectivement décaissées.

2.6 Le formulaire PT02 – Partie B.4

Suite – transactions de marchandises transfrontalières liées, au cours de la période. ❶❺

Transaction contrôlée	Entreprise associée/ Pays	Méthode de fixation des prix de transfert appliquée	Immobilisations corporelles		Immobilisations financières	
			Ventes	Achats	Ventes	Achats

4. Transactions de prestation de services transfrontalières liées, au cours de la période imposable ❶❻

Transaction contrôlée	Entreprise associée/ Pays	Méthode de fixation des prix de transfert appliquée	Location, redevances et droits de licence		Services de gestion, de marketing, de formation, d'ingénierie, techniques, de primes de (re)assurance et autres(1)	
			Perçus	Payés	Perçus	Payés

(1) A préciser si « autres »

Suite – transactions de prestation de services transfrontalières liées, au cours de la période imposable ❶❼

Transaction contrôlée	Entreprise associée/ Pays	Méthode de fixation des prix de transfert appliquée	Recherche et développement		Commissions	
			Perçus	Payées	Perçus	Payées

	Commentaires indicatifs d'aide à la préparation du formulaire
15 **16** **17**	En cohérence avec le tableau B2, reprendre en ligne les transactions et s'assurer qu'elles rentrent dans l'une des catégories du tableau, à savoir : – Achats d'immobilisations corporelles, acquisitions d'immobilisations financières [15] ; – Charges de location, redevances, droits divers et licences, services de gestion, de marketing, de formation, d'ingénierie, technique (en général facturés sous la dénomination *Management fees*, ou assistance technique) et les primes d'assurance externes [16] ; – Charges de recherche et développement, commissions versées ou facturées [17]. Préciser la méthode de prix de transfert pour chacun des flux (CUP, MTMN, *Cost Plus*, *Profit split*, etc.). Renseigner les montants en fonction du sens de la facturation* : – Reçue = Achats – Émise = Ventes (*) : Attention, pour les montants à renseigner, il faut privilégier la comptabilité d'engagement (Charges/Produits, Actifs/Passifs, incluant même les provisions) et non pas uniquement les sommes effectivement décaissées.

2.7 *Le formulaire PT02 – Parties B.5 à B.6*

5. Transactions financières transfrontalières liées, au cours de la période imposable 18

Transaction contrôlée	Entreprise associée/ Pays	Méthode de fixation des prix de transfert appliquée	Intérêts d'emprunt		Intérêts de cash pooling		Intérêts de créances et dettes commerciales	
			Perçus	Payés	Perçus	Payés	Perçus	Payés

Suite – transactions financières transfrontalières liées, au cours de la période imposable 19

Transaction contrôlée	Entreprise associée/ Pays	Méthode de fixation des prix de transfert appliquée	Commissions de garantie		Primes d'assurance (de réassurance) internes		Produits dérivés	
			Perçus	Payés	Perçus	Payés	Perçus	Payés

6. Autres transactions transfrontalières liées, au cours de la période imposable 20

Transaction contrôlée	Entreprise associée/ Pays	Méthode de fixation des prix de transfert appliquée	Autres[1]	
			Perçus	Payés

[1] *à préciser*

	Commentaires indicatifs d'aide à la préparation du formulaire
18 **19**	En cohérence avec le tableau B2, reprendre en ligne les transactions et s'assurer qu'elles rentrent dans l'une des catégories du tableau à savoir : – Intérêts d'emprunt, intérêts sur les opérations de *cash pooling* (trésorerie centralisée), intérêt sur les créances et dettes commerciales [18] ; – Commissions de garantie, primes d'assurances internes au groupe, charges ou produits issus d'opérations sur des instruments de marché dérivés [19] ; Préciser la méthode de prix de transfert pour chacun des flux (CUP, MTMN, *Cost Plus*, *Profit split*, etc.). Renseigner les montants en fonction du sens de la facturation* : – Reçue = Achats – Émise = Ventes (*) : Attention, pour les montants à renseigner, il faut privilégier la comptabilité d'engagement (Charges/Produits, Actifs/Passifs, incluant même les provisions) et non pas uniquement les sommes effectivement décaissées. Il faut considérer ici l'enjeu de l'incidence sur les bases imposables.
20	Cette partie est à compléter avec tout flux qui ne rentrerait pas dans l'une des catégories des tableaux B3 à B5. Elle peut servir à traiter, par exemple, des flux facturés sans marge (« *At cost* »), comme les refacturations.

2.8 Le formulaire PT02 – Partie B.7

7. Méthode de fixation des prix de transfert ❷❶

Méthode de détermination des prix de transfert	Cocher et joindre si dans le processus d'analyse
a. Analyse de comparabilité et analyse fonctionnelle	☐
b. Méthode de détermination des prix de transfert	☐
c. Choix de la partie testée	☐
d. Hypothèses importantes	☐
e. Analyse pluriannuelle	☐
f. Comparables sur le marché libre	☐
g. Ajustements de comparabilité	☐
h. Conformité au principe de pleine concurrence	☐
i. Synthèse des informations financières	☐
j. Copie(s) des APP et rescrits	☐

	Commentaires indicatifs d'aide à la préparation du formulaire
21	Cocher uniquement les documents/annexes effectivement fournis ou les sujets effectivement traités dans le *Local file*. Les annexes doivent être lisibles et dans la langue officielle du Gabon.

2.9 Le formulaire PT02 – Partie C

C. INFORMATIONS FINANCIERES ❷❷

Informations financières	Cocher si joint
1. Comptes financiers annuels	☐
2. Informations financières et répartition	☐
3. Comparables sur les données financières	☐

Signature — Fait à ...., le .... ❷❸

	Commentaires indicatifs d'aide à la préparation du formulaire
22	Cocher uniquement les documents/annexes effectivement fournis ou les sujets effectivement traités dans le *Local file*. Les annexes doivent être lisibles et dans la langue officielle du Gabon. Ces données étant clés, voire impératives, ces cases seront quasi systématiquement cochées (sauf pour les cas non applicables : Exemple, la nature des flux contrôlés ne nécessite pas de mettre en œuvre une analyse de comparabilité étendue).
23	Signature d'un responsable habilité (DG, DAF…) ; Date et lieu d'établissement du formulaire ; Cachet de la société.

En synthèse, il est possible de résumer la liasse documentaire attendue par l'administration fiscale gabonaise telle que proposée ci-dessous :

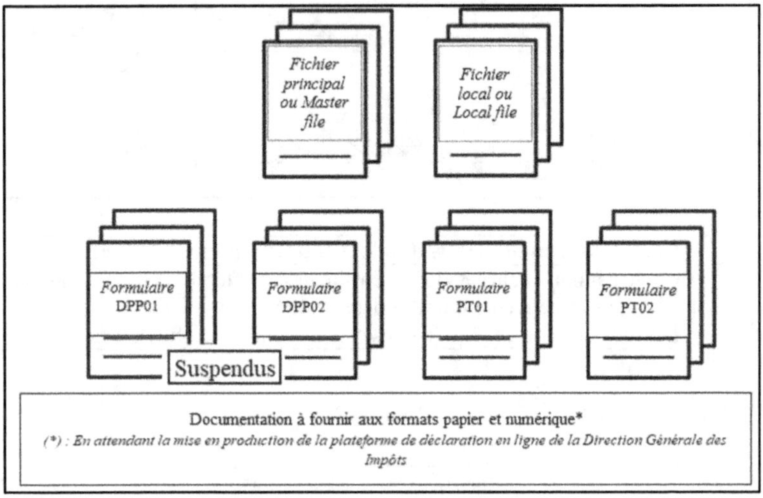

Illustration n° 15 : Modèle-type de liasse documentaire en matière de prix de transfert au Gabon.

Pour des raisons évidentes de traçabilité, **il est impératif d'obtenir et de conserver les accusés de réception tamponnés de la DGI et, ce, aux bonnes dates.**

Chapitre 3 : Quels sont les principaux points d'attention de l'administration fiscale gabonaise dans le contexte du contrôle des prix de transfert ?

Pour une société entretenant des relations d'affaires avec des sociétés liées situées à l'étranger, il est normal que la problématique des obligations en matière de prix de transfert constitue un sujet de prédilection pour l'administration fiscale. Cet intérêt va couvrir à la fois les exigences déclaratives que la qualité de la documentation soumise. Ce chapitre vise ainsi à donner un aperçu des sujets qui peuvent constituer des points d'attention majeurs des vérificateurs dans la situation d'un contrôle des prix de transfert.

Section 1 : Les obligations déclaratives et les modalités de déclaration exigées

1.1. Risques clés à considérer en matière de respect des obligations déclaratives

Il va sans dire que les premiers contrôles des vérificateurs vont consister à s'assurer que les obligations déclaratives ont été respectées dans les formes et modalités appropriées. Sur ce point, le contribuable doit s'assurer d'avoir adressé les 12 contrôles indicatifs suivants :

#	Contrôles applicables aux obligations déclaratives	Oui / Non / N/A
1	Ma documentation comprend-elle un *Master file* complet ?	
2	Ma documentation comprend-elle un *Country file* complet ?	
3	Mes annexes sont-elles lisibles et facilement consultables ?	
4	Ma documentation comprend-elle le formulaire fiscal DPP01[115] ?	

[115] Ce formulaire est a priori à soumettre à la DGI au plus tard au 31 décembre de l'exercice au titre duquel sont déclarés les flux contrôlés (cf. Article P-

#	Contrôles applicables aux obligations déclaratives	Oui / Non / N/A
5	Ma documentation comprend-elle le formulaire fiscal DPP02 ?	
6	Ma documentation comprend-elle le formulaire fiscal PT01 ?	
7	Ma documentation comprend-elle le formulaire fiscal PT02 ?	
8	Mes documents sont-ils soumis à la fois au format papier et numérisé[116] ?	
9	Ma documentation est-elle intégralement en français[117] ?	
10	Tous les exercices non prescrits et non contrôlés ont-ils fait l'objet d'un dépôt de la documentation des prix de transfert ?	
11	Ma documentation a-t-elle été soumise au plus tard à la même date que le dépôt de la déclaration statistique et fiscale (DSF)[118] ?	
12	Ai-je récupéré le ou les accusés de réception du dépôt de la documentation auprès de la DGI ?	

Cette check-list permet en un temps réduit d'apprécier les risques éventuels qui pèsent sur l'entité au regard des obligations déclaratives auxquelles elle est soumise en matière de prix de transfert.

831 ter, alinéa 5). Cependant, dans la pratique, il est usuellement inclus à la liasse de la documentation des prix de transfert déposée au 30 avril N + 1.

[116] Article P-831 bis, point 2, alinéa 5.

[117] Ou plus généralement, dans la langue officielle du Gabon. Se référer à l'article P-831 bis, alinéa 9.

[118] Sauf cas de prorogation exceptionnelle (Article P-831 bis du CGI, alinéas 4 et 6.).

1.2. Sanctions éventuelles à anticiper en matière de respect des obligations déclaratives

Pour mémoire, les sanctions applicables au non-respect des obligations déclaratives sont les suivantes :

<table>
<tr><th>Nature</th><th>Référence du CGI</th><th>Sanction applicable</th><th>Minimum de perception</th><th>Plafond de la sanction</th><th>Conditions d'applicabilité</th></tr>
<tr><td>Absence de dépôt de la documentation des prix de transfert</td><td rowspan="2">P-1010 bis</td><td rowspan="2">5 % du montant global des échanges intragroupes</td><td rowspan="2">65 millions de francs CFA par exercice fiscal</td><td rowspan="2">-</td><td>Ces sanctions ne sont a priori applicables qu'en cas de non-réponse du contribuable à une mise en demeure de déclarer.</td></tr>
<tr><td>Dépôt partiel de la documentation des prix de transfert</td><td>Cette sanction n'est a priori applicable qu'en cas de non-réponse du contribuable à une mise en demeure de compléter sa déclaration[119].</td></tr>
<tr><td>Absence de dépôt de la déclaration pays par pays</td><td>P-1010 ter</td><td>0,5 ‰ du chiffre d'affaires hors taxes consolidées</td><td>-</td><td>100 millions de francs CFA par exercice fiscal</td><td>Cette sanction n'est a priori applicable qu'en cas de non-réponse après une mise en demeure de l'administration fiscale.</td></tr>
<tr><td>Retard de dépôt de la documentation des prix de transfert</td><td colspan="5">Le retard de la déclaration des prix de transfert n'est pas expressément traité dans le titre 4 du Livres des procédures fiscales, notamment en ce qui concerne les sanctions applicables.
Il est envisageable (à titre strictement indicatif) d'assimiler les sanctions applicables à celles prévues à l'article P-1009 bis, en matière de DSF et de DAS[120].</td></tr>
</table>

[119] Qui dispose d'un délai de 60 jours après la mise en demeure pour se mettre en conformité avec l'administration fiscale.

[120] Une amende forfaitaire de 50 000 francs CFA par mois de retard (avant mise en demeure) et 200 000 francs CFA par mois (après mise en demeure). Le montant de la sanction est toutefois plafonné à 5 millions de francs CFA.

Notons que dans le cas où la société gabonaise appartient effectivement à un groupe multinational et qu'il n'y a pas ou plus de flux entrants dans le champ des déclarations en matière de prix de transfert, il est recommandé de procéder, a minima, au dépôt des formulaires fiscaux avec la mention « Néant ». L'absence de déclaration « Néant » est par ailleurs sanctionnée par l'article P-1001 du CGI[121].

Au sujet des obligations déclaratives, l'article P-831 bis, en son alinéa 7, précise que « cette documentation ne se substitue pas aux justificatifs afférents à chaque transaction ».

Ce rappel marque distinctement la nécessité pour le contribuable, au-delà du respect des obligations déclaratives (« formelles »), d'être en capacité de démontrer le caractère effectif des opérations d'une part, et de produire une rationalisation des prix/rémunérations appliqués pour chacune des situations d'autre part. Typiquement, il s'agit pour l'essentiel de montrer que la base taxable au Gabon n'a pas été minorée à tort, et donc au détriment des recettes fiscales domestiques. Le contrôle au fond de la documentation des prix de transfert peut donc impliquer d'anticiper un certain nombre de sujets dont nous traitons dans les sections suivantes.

Il faut noter également que les corrections des bases en matière de prix de transfert sont, sur le principe, rattachées à la détermination du résultat fiscal, et donc au calcul de l'Impôt sur les sociétés (IS). Par conséquent, les sommes rejetées au plan fiscal sont conséquemment portées en augmentation de la base taxable en IS (et également redressées en matière d'IRCM, suivant l'article 98 du CGI).

Le contrôle de la réalité des transactions et du caractère de pleine concurrence des prix peut cependant exiger une certaine technicité au regard du caractère pluriel des disciplines à convoquer pour examiner les flux en profondeur. Il faut a minima traiter aisément d'économie, d'analyse financière, de droit commercial, de droit des contrats, de droit social, de comptabilité générale, de statistique descriptive, de logistique internationale, etc. Il faudrait, en outre, dans le meilleur des cas, avoir accès aux diverses bases de données informatisées (générales et

[121] Le montant de la sanction est cependant plafonné à 2 millions de francs CFA.

spécialisées) pour envisager de challenger certains comparables retenus par les groupes dans la justification de leur prix de transfert.
Dans ce contexte, nous présentons ci-dessous, et par nature de flux, des points d'attention à considérer pour anticiper d'éventuels redressements en matière de prix de transfert.

Section 2 : Le contrôle au fond de la documentation des prix de transfert

Sans vocation ni à l'exhaustivité, ni à se substituer aux considérations et observations qui pourraient être mises en avant par l'administration dans le cadre d'un contrôle fiscal ou de remplacer les diligences que tout utilisateur de ce guide pourrait lui-même mettre en œuvre dans le cadre de ses intérêts, cette section vise à mettre en exergue des points qui nous paraissent clés et qu'il serait approprié pour le contribuable de maîtriser dans le contexte d'un audit par l'administration fiscale des prix de transfert.

2.1. Considérations générales

2.1.1 Sur le caractère forfaitaire des facturations

Il est recommandé, peu importe la nature de la dépense, de s'abstenir de désigner comme « forfaitaire » toute rémunération versée en contrepartie d'une prestation. L'article 11-I-1-f. du CGI en son alinéa 8 dispose sur ce point que « les frais présentant un caractère forfaitaire ne sont pas admis en déduction[122] ».
Ce point est tout aussi valable en matière de prix de transfert, où l'enjeu central de la documentation revient à démontrer le caractère de pleine concurrence des montants facturés.

[122] Excepté pour certains secteurs d'activité, lorsque la part incombant aux opérations réalisées au Gabon ou hors du Gabon ne peut être déterminée avec précision. Dans ce cas, les limites, ainsi que les modalités de déduction forfaitaire de ces sommes en fonction du secteur d'activité concerné sont fixées par une instruction administrative.

2.1.2 Sur la qualité de la communication avec l'administration fiscale (droit de communication)

Il est essentiel de mettre en place et de maintenir une bonne qualité de communication avec les vérificateurs, notamment en ce qui concerne le respect des termes du droit de communication reconnue à l'administration fiscale.

Sur ce point, il faut relever selon la loi gabonaise, et dans le cadre de l'exercice du droit de communication, que les agents habilités de l'administration fiscale peuvent prendre une copie des documents qui les intéressent sans que quiconque ne puisse s'y opposer.

Il faut noter, conformément aux termes de l'article P-1003 du CGI, qu'une amende forfaitaire de 5 000 000 FCFA est appliquée à toute personne tentant ou ayant tenté de se soustraire ou de s'opposer au droit de communication ou au droit de renseignement.
En outre, une astreinte de 500 000 FCFA par jour de retard, au-delà des délais indiqués sur la demande, est applicable à toute tentative de différer l'exécution du droit de communication ou au droit de renseignement[123].

2.1.3 Sur l'authenticité des justificatifs produits

La qualité, et notamment l'authenticité des justificatifs à communiquer à la DGI, est une exigence de base. Il est utile de relever sur ce point qu'une amende égale à 100 % de la valeur de la transaction, avec un minimum de 500 000 FCFA, est appliquée à toute vente de biens ou toute prestation de services n'ayant pas fait l'objet d'une facturation ou ayant fait l'objet d'une fausse facturation.
Au vu des montants d'ordinaire significatifs des flux intragroupes, de telles sanctions peuvent rapidement représenter des montants très élevés.

L'article P-997 du CGI dispose par ailleurs que les insuffisances, omissions ou dissimulations qui affectent la base ou les éléments

[123] Ses mesures sont sans préjudice de l'application d'autres sanctions.

d'imposition et qui ont conduit l'administration à effectuer des redressements excluant la bonne foi du contribuable, donnent lieu en sus de l'intérêt de retard à l'application des majorations suivantes :

- 100 % en cas de mauvaise foi ;
- 150 % en cas de manœuvres frauduleuses, sans préjudice des poursuites pénales encourues.

S'agissant des manœuvres qualifiées de frauduleuses, inclusion est faite du contribuable qui « [...] produit des pièces fausses ou reconnues inexactes mais ayant donné lieu à facturation ou à déduction de la TVA »[124]. Il faut noter que ces points peuvent également avoir des implications pénales pour le contribuable.

2.1.4 Sur les juridictions fiscales des sociétés partenaires : le cas des pays à régime fiscal privilégié et des pays ou territoires non coopératifs

Sur cet aspect, il est utile de rappeler selon les exigences de l'article 12 du CGI, que, sans nécessité de démontrer l'existence d'un lien de dépendance (juridique ou de fait), dès le moment où des transactions sont réalisées avec une entreprise située dans un pays dont le régime fiscal est dit privilégié, ou dans un pays non coopératif, la déclaration des prix de transfert de base est obligatoirement complétée par une documentation complémentaire comprenant l'ensemble des documents qui sont exigés des sociétés passibles de l'impôt sur les sociétés, y compris le bilan et le compte de résultat, pour chaque entreprise bénéficiaire des transferts. Le non-respect de cette obligation documentaire complémentaire peut donner lieu à un rejet des transactions ainsi effectuées, et donc à une rectification de la base imposable à l'IS.

2.1.5 Sur la cadence de production de la documentation demandée par les vérificateurs en cas de procédure de redressement

Il est important de s'assurer tant, pendant le déroulement des opérations de contrôle que pour la phase de redressement

---

[124] Alinéa 4 de l'article P-997.

contradictoire, de fournir le maximum d'informations requises et d'éviter de s'inscrire dans les termes des sanctions prévues à l'article P-849, alinéa 8 du CGI qui précise que « tout document comptable ou extracomptable produit postérieurement à l'envoi de la réponse aux observations du contribuable est irrecevable ». Même si, d'une manière générale, une certaine tolérance est observable, ce point ne présuppose pas que cette indulgence soit permanente ou acquise.

2.2. Risques généralement couverts par les vérificateurs

Au regard du risque de transfert des bénéfices et donc de manipulation frauduleuse des bases fiscales, l'administration fiscale veille, en général, sur l'absence d'une majoration et la diminution des prix d'achat ou de vente de biens et/ou de services dans le cadre des opérations intragroupes avec des sociétés domiciliées à l'étranger.

Dans ce contexte, les zones de risques suivantes sont surveillées par les vérificateurs tant pour les opérations à l'import qu'à l'export :

- Minoration des prix de vente des biens et services ;
- Majoration des prix de biens et services ;
- Application de taux d'intérêt minorés ou majorés sur les opérations financières ou commerciales ;
- Maintien de la filiale en situation de sous-capitalisation ;
- Application de prix exagéré pour les redevances et autres rémunérations versées aux sociétés liées ;

- Paiement sur des transactions fictives ;
- Diverses opérations dites de compensations internes ;
- Renonciations injustifiées à des recettes ou autres produits.

2.3. Considérations spécifiques à certaines transactions couramment rencontrées

À la lumière des zones de risques principales évoquées au point précédent, il est possible de proposer, pour des transactions particulièrement récurrentes, des solutions ou procédés visant à renforcer la qualité documentaire des flux et possiblement limiter les risques de contestation ou de redressement de l'administration fiscale. Nous examinerons donc tour à tour : Les *Management fees*, les charges d'assistance technique, les redevances de marque, les assurances, les frais informatiques, les intérêts sur prêts et comptes courants, les achats d'actifs corporels, les redevances pour licences et brevets, les mises à disposition de personnel, les commissions, les achats de titres et parts sociales, les intérêts de *Cash pooling,* les intérêts versés sur créances et dettes commerciales, les refacturations au franc le franc, le cas particulier des renonciations de facturations.

2.3.1 Les *Management fees*

Les *Management fees* ou encore « Frais de siège », sont traditionnellement facturés par une société mère à une filiale, succursale ou autre établissement stable, en contrepartie de services rendus. D'une manière générale, les *Management fees* couvrent les transactions suivantes :

- Services comptables ;
- Services en matière commerciale (marketing, communication) ;
- Services juridiques ;
- Services de ressources humaines ;
- Prestations informatiques ;
- Services financiers ;

- Accompagnement stratégique.

Ces frais font l'objet d'une attention significative des vérificateurs dans le contexte de contrôles fiscaux. Par ailleurs, dans le contexte de la documentation des prix de transfert, il est nécessaire de considérer les points suivants pour limiter les risques de rejet en cas de contrôle :

- S'assurer que les prestations sont encadrées par une convention formelle ;
- Vérifier que les services fournis sont exposés dans l'intérêt de la société bénéficiaire, et notamment pour la réalisation de son objet social ;
- S'assurer que les prestations facturées sont étayées par une documentation et des justificatifs probants (en qualité et en quantité) ;
- S'assurer que le prix facturé n'est pas exagéré, notamment au vu du coût que la société supporterait si elle avait réalisé ces travaux en interne ;
- Confirmer que la société bénéficiaire ne dispose pas des capacités propres pour réaliser ces prestations sans recourir au groupe (à la société mère).

En outre, il convient de noter que cette nature de prestation est considérée, en matière de prix de transfert, comme des prestations intragroupes dites à « faible valeur ajoutée » qui sont spécifiquement traitées dans les principes directeurs de l'OCDE qui fixent notamment l'intervalle raisonnable des marges à appliquer entre 2 et 5 %. Il s'ensuit que tout niveau de marge excédent l'intervalle recommandé par l'OCDE peut nécessiter d'être particulièrement documenté et justifié pour anticiper toute contestation de l'administration fiscale.

2.3.2 Les charges d'assistance technique

Encore désignée sous le vocable « prestation en régie », l'assistance technique porte sur un mode de prestation par le moyen duquel une société du groupe met à la disposition d'une autre un ou plusieurs consultants techniques dans le cadre de l'exécution d'un contrat pouvant nécessiter des compétences techniques complexes.

En matière de qualité de la documentation à fournir, les points d'attention sont similaires à ceux listés au § 2.3.1 ci-dessus. Cependant, s'agissant de prestations touchant en général le cœur de métier, les taux de marges applicables, sous réserve de la démonstration de leur caractère de pleine concurrence, peuvent être beaucoup plus élevés.

2.3.3 Les redevances de marque

Les redevances de marques ou « *Royalties* » rémunèrent l'usage d'une marque dont l'entreprise n'est pas propriétaire pour sa propre activité, en totalité ou non, en exclusivité ou non. Habituellement, les redevances sont encadrées par un contrat de licence de marque.

Dans le contexte de la documentation des prix de transfert, il est nécessaire de garantir que le mode de calcul des redevances est compréhensible et qu'il est possible d'établir un lien entre les performances, la réputation de la société facturée et l'usage de ladite marque. D'une manière générale, la base de calcul des redevances est le chiffre d'affaires de la société licenciée.

Au plan fiscal, trois principales conditions doivent être considérées, à savoir, s'assurer que :

- la marque est en cours de validité,
- les opérations sont réelles,
- le prix n'est pas exagéré (pleine concurrence).

Aux termes de l'article 13 du CGI (alinéa 2), les versements faits à une société étrangère installée dans un pays à faible fiscalité ou à fiscalité nulle sont immédiatement réintégrés dans les résultats imposables de la société locale si celle-ci n'apporte pas la preuve que ces versements correspondent à des opérations réelles et qu'ils ne sont pas exagérés.

Ces commentaires sont également applicables aux redevances versées pour l'utilisation des brevets, dessins et modèles.

2.3.4 Les assurances

Dans le cadre de la documentation des prix de transfert, les primes d'assurances peuvent concerner au moins deux situations, à savoir :

- Les refacturations par une société mère d'une police d'assurance souscrite pour son compte et celui de ses filiales, de la quote-part incombant auxdites filiales ;

- Les captives d'assurance : mécanisme d'assurance ou de réassurance via une société du groupe commercial ou industriel. Les assurances captives permettent d'une manière générale de couvrir des risques spécifiques qui ne sont pas assurés par les compagnies traditionnelles.

Dans un cas comme dans l'autre, pour être fiscalement déductibles, les assurances doivent être constituées en conformité avec les dispositions de l'article 11-I-4 du CGI qui précisent les conditions de déductibilité des primes d'assurance. Les primes refacturées par des sociétés sœurs doivent notamment :

- Être contractées au profit de l'entreprise pour couvrir les risques dont la réalisation entraîne, directement et par elle-même, une diminution de l'actif net ;

- Constituer par elles-mêmes une charge d'exploitation.

En revanche, ne sont pas admises en déduction du bénéfice imposable :

- Les sommes constituées par l'entreprise en vue de sa propre assurance ;

- Les primes d'assurance-maladie versées aux compagnies d'assurance étrangères[125] ;

---

[125] Sauf s'il s'agit du personnel en situation de détachement. Et dans le cas d'espèce, la déductibilité est limitée à 15 % du salaire de base individuel.

- Les primes d'assurance-maladie versées aux compagnies d'assurance locales lorsque l'entreprise a déjà comptabilisé dans ses charges déductibles, les remboursements de frais de cette nature au profit des mêmes personnes.

Il est également important de noter que ces primes sont pour le principe refacturées sans marge. Dans le cas contraire, tout *mark up* serait à documenter et justifier.

2.3.5 Les frais informatiques

Il s'agit pour l'essentiel de frais d'assistance en matière informatique ou de droits d'usage d'un programme ou un logiciel développé par le groupe et déployé au bénéfice des filiales. En pratique, ces frais peuvent couvrir :

- les services d'assistance au quotidien,
- les travaux de développement des caractéristiques spécifiques des solutions intégrées pour mieux répondre aux besoins de filiales du groupe,
- des travaux de maintenance de l'application, mise à jour des patches, résolution des incidents,
- du développement de nouvelles fonctions,
- de la mise à jour des logiciels et accompagnement de la filiale dans l'implémentation d'un système ou de leur mise à jour.

En matière de facturation, en général, une clé de répartition (nombre de postes, nombre d'utilisateurs, etc.) est appliquée pour déterminer les coûts facturables à la filiale. Il est important en matière de prix de transfert de démontrer que :

- la filiale utilise en pratique la solution ou le service évoqué,
- les mises à jour sont indispensables à la réalisation des activités de la filiale,
- les incidents résolus se sont effectivement produits et sont documentables,

- les temps passés sont justifiables (notamment par des *Timesheets*), que ceux-ci sont validés par des personnes habilitées et ont bien fait l'objet d'une demande d'intervention.

Il est clé d'éviter les facturations prenant la forme de forfait et pour lesquelles il serait difficile d'établir la proportionnalité avec le service effectivement rendu. Par ailleurs, la mise en place d'un contrat formel est une bonne pratique.

2.3.6 Les intérêts sur prêts internes

Une entité peut choisir de se financer par recours à l'emprunt auprès d'une société du groupe plutôt que de recourir à une société indépendante. Les intérêts y afférents vont par nature impacter le résultat fiscal des deux entités. En matière de prix de transfert, l'enjeu est ici, conformément aux commentaires sur l'article 9 du Modèle de convention fiscale de l'OCDE indiqués au paragraphe 3(b), de déterminer non seulement si le taux d'intérêt prévu dans un contrat de prêt est un taux de pleine concurrence, mais encore, si ce qui est présenté comme un prêt peut être considéré comme tel ou doit être considéré comme une mise à disposition de fonds d'une autre nature, et plus particulièrement comme une participation au capital social[126]. À titre indicatif, les taux d'intérêt conformes au principe de pleine concurrence peuvent être déterminés « […] à partir de la notation de crédit de l'emprunteur ou de celle d'une émission de titres de dette spécifique, en tenant compte de l'ensemble des caractéristiques du prêt et de facteurs de comparabilité ».

---

126 OCDE (2020), « Instructions sur les prix de transfert relatives aux transactions financières : Cadre inclusif sur le BEPS : Actions 4, 8-10 », OCDE, Paris, www.oecd.org/fr/fiscalite/beps/instructions-sur-les-prix-de-transfert-relatives-aux-transactionsfinancieres-cadre-inclusif-sur-le-beps-actions-4-8-10.htm

2.3.7 Les intérêts sur prêts et comptes courants

Ils s'appliquent dans l'hypothèse où les avances laissées en comptes courants d'associés ou d'actionnaires sont rémunérées. Il est recommandé d'établir, sur ce point, une convention de trésorerie qui définit et encadre les conditions d'une telle rémunération. En général, cette transaction est réputée réalisée selon la méthode du coût comparable sur le marché libre (CUP).

Dans le contexte des prix de transfert au Gabon, il convient de s'assurer que le taux de rémunération appliqué s'inscrit dans les termes de l'alinéa 2 de l'article 11-II-1 du CGI qui précise que les intérêts, versés directement ou indirectement aux associés à raison des sommes qu'ils laissent ou mettent à la disposition de la société en sus de leur part de capital, quelle que soit la forme de la société, sont admis dans la limite de ceux calculés au taux des avances de la Banque des États de l'Afrique centrale, en abrégé BEAC, majorés de deux points.

Au-delà des enjeux liés au taux d'intérêt pratiqué, il est utile de considérer un risque tout aussi critique, à savoir : le risque de sous-capitalisation. On parle de sous-capitalisation lorsqu'on observe une disproportion entre les fonds propres (situation nette) d'une filiale et le niveau des fonds empruntés auprès des sociétés sœurs. Cette situation peut être voulue et entretenue lorsque, par exemple, la fiscalité des produits d'intérêts dans le pays de résidence de la prêteuse (le plus souvent domiciliée dans un pays à fiscalité réduite) est moindre que la minoration d'impôt obtenue par la déduction des intérêts chez la filiale emprunteuse.

Le grief ici est que le montant cumulé des intérêts servis par la filiale emprunteuse vient minorer l'assiette de l'impôt pour une valeur qui excède celle qu'elle aurait supportée si elle s'était endettée directement auprès d'un établissement bancaire indépendant, et donc que les charges supportées vont au-delà de ses capacités réelles d'emprunt.

Il faut noter que le maintien d'une filiale en situation de sous-capitalisation peut être analysé par l'administration fiscale comme une stratégie d'optimisation, voire de fraude fiscale :

- Par l'érosion volontaire de la base imposable à l'IS de la filiale emprunteuse au vu des charges financières supportées,

- En rémunérant la société prêteuse par une remontée de trésorerie non taxée, à l'inverse de si la société emprunteuse avait été bénéficiaire et avait versé des dividendes (frappés par l'IRCM) à ses actionnaires.

Dans le contexte gabonais, le constat de sous-capitalisation d'une filiale entraine le rejet partiel de la déductibilité desdits intérêts selon les conditions énoncées à l'article 11-II-2-a (loi des finances 2018) du CGI.

2.3.8 Les achats d'actifs corporels

Il s'agit, par exemple, de l'achat d'immobilisations corporelles ou de stocks de matières premières, de fournitures ou de marchandises auprès d'une société du groupe située à l'étranger.

En matière de documentation, il est fondamental de justifier :

- l'existence d'une demande ou commande de la filiale ;
- le lien entre la nature de l'achat et l'objet social de la société acheteuse ;
- le transfert effectif de risque et de propriété (bons de livraison, documents de douanes, etc.) ;
- le caractère de pleine concurrence du prix auquel l'achat est effectué (analyse économique, coûts effectifs de productions ou d'achats, comparabilité des transactions similaires, *benchmarking* documenté, etc.).

2.3.9 Les redevances pour licences et brevets

La licence de brevet est définie comme le contrat par lequel le titulaire du brevet autorise un tiers, le licencié, à exploiter le brevet en tout ou partie, en contrepartie d'une rémunération appelée « redevances » ou « *Royalties* »[127].

Les points d'attention à considérer pour ces transactions sont assimilables à ceux précisés plus haut en ce qui concerne les redevances de marques.

2.3.10 Les mises à disposition de personnel

Au plan juridique, la mise à disposition du personnel consiste, pour une entreprise, à « prêter » un salarié pour une durée déterminée à une autre entreprise, dite « utilisatrice », pour la mise en œuvre d'une compétence ou d'une technique particulière. Ces mises à disposition peuvent correspondre à des prestations dites à faible valeur ajoutée (mise à disposition d'un agent pour des services dits de support à l'activité) ou prendre la forme d'une assistance technique (et donc s'inscrire dans la fourniture d'un service rattaché à la réalisation du métier et exiger des aptitudes techniques qui peuvent être pointues).
Dans un cas comme dans l'autre, il est possible de se référer aux commentaires des points 2.3.1 et 2.3.2 traités *supra*.

2.3.11 Les commissions

Par définition, une commission est un droit versé à un commissionnaire en rémunération d'une opération d'achat ou de vente réalisée en son nom, mais pour le compte d'un commettant.

Au plan de la documentation des prix de transfert, il faut s'assurer de :

- prouver le caractère contractuel ou habituel de la prestation,
- montrer son lien avec l'objet social,
- montrer l'effectivité de la prestation rendue par le commissionnaire (contrat, bons de livraisons, procès-

[127] https://www.lagbd.org/Licence_de_brevet_(fr)

verbal de réception de services, échanges email, dossier juridique du commissionnaire, etc.),

- montrer par une analyse comparative que le prix/taux de commission est conforme ou similaire aux transactions similaires réalisées dans des conditions comparables,
- prouver le caractère non exagéré de la rémunération fixée,
- montrer que l'opération réalisée par la société sœur induit une réelle économie pour la société facturée (contrairement à si elle opérait en direct cette transaction),
- étayer les flux principaux et sous-jacents par des justificatifs probants (en nombre et en qualité).

Au plan de la déductibilité, les commissions sont frappées par plusieurs conditions, dont celles :

- d'une déclaration effective dans la DAS (ID 23[128], ID24[129] et ID 26[130]) ;
- des dispositions de l'alinéa 6 de l'article 11.I.1.f du CGI pour celles versées à des pays sans convention fiscale avec le Gabon[131] ;
- des dispositions de l'alinéa 12 de l'article 11.I.1.f du CGI pour les commissions sur achats[132] ;
- d'être appuyées par une facture régulière jointe à celle des fournisseurs (pour les commissions sur achats).

[128] Fournisseurs assujettis à la TVA.
[129] Fournisseurs étrangers.
[130] Fournisseurs non assujettis à la TVA (TPS à 9,5 %).
[131] Limite de déduction à 5 % du bénéfice imposable avant déduction des frais en cause, calculée sur la base du dernier résultat fiscal bénéficiaire.
[132] Les commissions ou courtages portant sur les marchandises achetées pour le compte des entreprises situées au Gabon sont admis en déduction du bénéfice imposable dans la limite de 5 % du montant des achats.

2.3.12 Les achats de titres et parts sociales

L'acquisition de valeurs mobilières auprès d'une société sœur peut s'inscrire dans le cadre d'une opération courante (voire de routine) ou dans le contexte d'une réorganisation de groupe. Dans le premier cas, le prix d'acquisition s'inscrit dans le contexte des règles comptables et peut être reconstitué sans trop de difficulté, sauf dans l'hypothèse d'un écart d'acquisition significatif (différence entre le prix d'acquisition et sa valeur comptable apparente). Dans cette situation, il sera nécessaire de bien documenter le contexte de la transaction et de justifier économiquement le différentiel et surtout l'intérêt pour l'acquéreur d'une telle transaction.

Lorsqu'il s'agit d'une réorganisation, une relative complexité peut subvenir dans les analyses à fournir en cas de contrôle de la DGI. En effet, les réorganisations d'entreprises peuvent impliquer, entre parties liées :

- Le transfert de fonctions ;
- Le transfert d'actifs et/ou de risques ;
- Le transfert du potentiel de profits/de pertes associés à certains risques ou actifs ;
- La rupture (y compris la non-reconduction) ou une renégociation substantielle d'accords existants[133].

Dans de tels cas, il est fondamental de démontrer la conformité au principe de pleine concurrence des rémunérations afférentes auxdites opérations de réorganisation.

Sur ce point, l'article 9 du Modèle de la convention fiscale précise que « […] lorsque les conditions accordées ou imposées pour un transfert de fonctions, d'actifs et/ou de risques, et/ou pour la rupture ou renégociation d'un accord contractuel entre

[133] « Le cas d'accords de fabrication, de distribution, de licence ou de prestations de services, etc. OCDE (2020), Instructions sur les prix de transfert relatives aux transactions financières : Cadre inclusif sur le BEPS : Actions 4, 8-10 », OCDE, Paris.

deux entreprises associées situées dans des pays différents ne sont pas les mêmes que celles qui auraient prévalu entre des entreprises indépendantes, les bénéfices qui, sans ces conditions, auraient été réalisés par l'une des entreprises, mais n'ont pu l'être en fait à cause de ces conditions, peuvent être inclus dans les bénéfices de cette entreprise, et imposés en conséquence. »

Par conséquent, la démonstration du caractère de pleine concurrence des rémunérations (re)allouées passe par la présentation :

- du contexte de la réorganisation,
- des changements intervenus,
- de l'incidence de ces changements sur l'analyse fonctionnelle des parties,
- des raisons opérationnelles qui motivent la réorganisation et les avantages escomptés,
- des options réalistes qui se seraient offertes aux parties si des opérations similaires étaient réalisées avec des parties indépendantes.

Sur le principe, lors d'une réorganisation, le transfert de fonctions, d'actifs et/ou de risques s'accompagne en général d'une réallocation du potentiel de profits/de pertes entre les membres du groupe multinational. Il y a donc, a priori, des incidences sur la fixation des prix de transfert, d'une réallocation du potentiel de profits/de pertes consécutives à une modification de l'allocation des risques, droits et/ou autres actifs[134].

---

[134] La modification de l'allocation des risques entre parties associées peut avoir des effets positifs et des effets négatifs, pour le cédant, comme pour le cessionnaire : d'un côté, les pertes et passifs potentiels peuvent, du fait du transfert, être reportés sur le cessionnaire ; d'un autre côté, les rendements escomptés associés au risque transféré sont susceptibles de revenir au cessionnaire plutôt qu'au cédant. C'est pourquoi il convient de rechercher si le transfert du potentiel de profits/de pertes résultant de la transformation de l'entité restructurée en une entité à faible risque a donné lieu à une contrepartie quelconque s'il avait eu lieu entre parties indépendantes (selon OCDE (2020), « Instructions sur les prix de transfert relatives aux transactions financières : Cadre inclusif sur le BEPS : Actions 4, 8-10, OCDE », Paris).

Par conséquent, dans l'hypothèse d'un contrôle au fond de la documentation des prix de transfert impliquant une situation de réorganisation (et un transfert d'un potentiel de profits/de pertes), il est envisageable que les inspecteurs, en se plaçant du point de vue du cédant et de celui du cessionnaire, apprécient si ce transfert est une transaction de pleine concurrence, d'un point de vue des impacts sur les rémunérations définitives entre les parties impliquées dans l'opération de réorganisation.

2.3.13 Les intérêts de *Cash pooling*

Dans un groupe multinational, la gestion centralisée de la trésorerie ou *Cash pooling* désigne la mise en commun de soldes de trésorerie dans le cadre d'un accord de gestion de liquidités à court terme. Elle implique en pratique soit une mise en commun physique, soit une mise en commun théorique des fonds.

Mise en commun physique

Selon l'OCDE[135], la mise en commun physique de la trésorerie consiste à :

- transférer quotidiennement les soldes des comptes bancaires de toutes les entités du groupe impliquées dans le processus de *Cash pooling* vers un compte bancaire unique, ouvert au nom de l'entité du groupe en charge de la gestion centralisée de la trésorerie ;

- ou, pour les comptes présentant un solde négatif, l'exécution d'un transfert du compte central vers le compte concerné afin de le ramener à un niveau cible (généralement, un solde nul) ;

- en fonction des positions respectives, la société du groupe en charge de la gestion centralisée constate un excédent net, ou un besoin net, de trésorerie et intervient en conséquence auprès de la banque, soit pour exécuter le placement des excédents, soit pour couvrir le besoin de financement par un concours bancaire, par exemple.

---

135 OCDE (2020), « Instructions sur les prix de transfert relatives aux transactions financières : Cadre inclusif sur le BEPS : Actions 4, 8-10 », OCDE, Paris.

Mise en commun théorique
Dans cette situation, il n'y a pas de transfert physique des soldes vers l'entité centrale. Le processus est géré par une banque, qui impose en général la mise en place de garanties entre les entités impliquées, afin de pouvoir procéder aux compensations en cas de besoin. Ici, l'entité en charge de la gestion centralisée de la trésorerie ne joue qu'un rôle limité. Ce point est à particulièrement considérer dans le cadre de la documentation de la rémunération qui est allouée à cette dernière dans le cadre des flux de transferts.

Rémunération des entreprises impliquées dans les opérations de Cash pooling
Que la société soit en situation de déficit ou d'excédent, la rémunération doit être calculée en déterminant les taux d'intérêt de pleine concurrence applicables aux positions débitrices et créditrices sur la durée de mise à disposition des fonds.

De même, pour l'entité responsable de la gestion centralisée de la trésorerie, la rémunération en contrepartie de la gestion des fonds doit être cohérente avec le niveau réel de son implication dans le processus, les avantages qu'elle génère pour les participants à la gestion centralisée et être appropriée au regard d'opérations similaires réalisées par des entités comparables.

2.3.14 Les intérêts versés sur créances et dettes commerciales

Dans le contexte de ce type de transactions, l'intérêt correspond à un montant dû par le débiteur en cas d'incident de paiement (retard) par rapport au délai de règlement convenu. Cette pratique est encore peu encadrée dans le contexte gabonais, voire dans l'espace OHADA, contrairement, à titre indicatif, à la France où des dispositions légales fixent les « taux légaux » applicables[136] à cette nature de flux.

[136] Code monétaire et financier : articles L313-2 et L313-3, article D313-1-A, Code civil : articles 1231 à 1231-7, arrêté du 26 décembre 2022 relatif à la fixation du taux de l'intérêt légal.

Ainsi, dans le contexte de la justification de flux avec des parties liées étrangères, il peut être nécessaire de démontrer :

- le caractère conventionnel du flux ;
- l'existence d'un ou de plusieurs incidents de règlement ;
- que le taux d'intérêt s'inscrit dans l'intervalle des prix pour des opérations comparables, et n'est donc pas exagéré.

2.3.15 Les refacturations au franc le franc

Les refacturations *At cost* ne nécessitent a priori que très peu de documentation en matière de prix de transfert, vu l'absence de marge réalisée, et donc un risque limité d'érosion de la base fiscale. Il reste cependant nécessaire de prouver que les dépenses correspondantes sont réelles, qu'elles sont exposées dans l'intérêt de la société, qu'elles sont comptabilisées sur les bonnes périodes, et de les appuyer par des justificatifs extracomptables exploitables et suffisants.

2.3.16 Le cas particulier des renonciations de recettes

Ce sujet est particulièrement sensible et doit faire l'objet d'une attention particulière dans l'hypothèse de l'existence de tels flux avec des parties liées étrangères. Il faut commencer par relever que l'article 11 du CGI considère comme de potentiels actes anormaux de gestion, les opérations suivantes :

- Les versements sous forme de majoration ou minoration d'achats ou de ventes ;
- Les paiements de redevances excessives ou sans contrepartie ;
- Les renonciations à recette (vente à prix minoré, fourniture de prestations gratuites, octroi de prêts sans intérêts ou assortis d'un intérêt insuffisant) ;
- Les abandons de créances ou de commissions ;
- Les remises de dettes ;
- Les avantages hors de proportion avec le service rendu.

Il est donc indispensable de démontrer que la renonciation :

- est justifiée par les intérêts de l'exploitation commerciale (maintien de débouchés, par exemple) ;
- procure un intérêt réel à la société bénéficiaire de proportion rapprochable avec l'avantage que le tiers peut en retirer.

Au terme de cette présentation, il convient de souligner que la présentation des flux a été expressément simplifiée dans le contexte de l'approche pédagogique du présent ouvrage. Il est donc à anticiper que les conditions de réalisation et donc de documentation de certaines transactions peuvent présenter des complexités pour lesquelles il peut être nécessaire de recourir à un professionnel afin, entre autres, de limiter les risques de redressements fiscaux.

Sur ce point, après avoir présenté ces points d'attention applicables aux flux récurrents dans le cadre d'une documentation des prix de transfert, il est utile d'envisager les risques principaux auxquels sont exposés les contribuables en cas de contrôle de la documentation des prix de transfert.

2.4. Les redressements envisageables dans le cadre d'un contrôle au fond de la documentation des prix de transfert

2.4.1 La rectification de la base imposable en matière d'IS[137]

L'article 12 du Code général des impôts en son point 1 dispose, s'agissant de l'établissement de l'impôt sur les sociétés dû par les entreprises qui sont sous la dépendance ou qui possèdent le contrôle d'entreprises situées hors du Gabon, que « [...] les bénéfices indirectement transférés à ces derniers, soit par la majoration ou diminution des prix d'achat ou de vente, soit par sous-capitalisation, soit par tout autre moyen, seront incorporés aux résultats accusés par les comptabilités ».

---

[137] Ou d'IRPP, dans l'hypothèse où la société gabonaise opère sous la forme juridique d'une entreprise individuelle.

Traditionnellement, de tels redressements sont opérés à la suite des constats suivants par les vérificateurs fiscaux :

- Incapacité de la société à documenter le caractère effectif de la transaction ;
- La constatation du caractère exagéré d'une facturation, soit par appréciation directe ou par approche comparative avec d'autres entreprises similaires ;
- le caractère manifestement frauduleux de l'opération, soit en ce qui concerne les justificatifs produits, soit s'agissant des écritures comptables ;
- les erreurs, omissions identifiées par les vérificateurs (erreurs arithmétiques, doublons, erreurs d'interprétation, etc.).

Les opérations sont ainsi rapportées à la base imposable afin de reconstituer cette dernière à un montant qui correspond aux attentes des inspecteurs (redressement en base). Il est ensuite déterminé le montant d'impôts proposé en rappel de droits, ainsi que les intérêts de retard et les pénalités correspondantes.

2.4.2 Le redressement en matière de TVA

Lorsque les opérations proposées en redressement entrent dans le champ de la TVA, il est possible d'isoler au moins deux situations :

- La première est liée au cas d'une minoration de chiffre d'affaires, et donc d'une éventuelle correction à la hausse de la base taxable. Même si, en matière de prix de transfert, ces flux s'assimilent en général à des ventes à l'export, et donc expressément taxées au taux zéro pour la TVA. Ce cas sera donc plutôt exceptionnel ;

- La deuxième situation est rattachable au cas d'une majoration d'une charge ayant donné droit à la récupération de la TVA au Gabon. L'administration fiscale peut être fondée à réfuter la déduction de la TVA pour tout ou partie de la transaction remise en cause, ou dont le caractère exagéré ou fictif a été démontré.

2.4.3 Le redressement en matière d'IRCM

En matière d'IRCM, il faut se référer aux termes de l'article 98 du Code général des impôts, notamment en son point « c » qui précise que : « sont considérés comme revenus des actions et parts sociales au sens des présentes dispositions : [...] les recettes non déclarées et les frais généraux non justifiés ». Par conséquent, les sommes redressées en base en matière d'IS (ou d'IRPP) seront assimilées à des bénéfices distribués, et donc éligibles à l'application du prélèvement libératoire en matière d'IRCM.

2.4.4 Particularités à considérer au regard de l'article 11.I.1.f du CGI

En matière d'Impôt sur les sociétés (IS), la déductibilité des frais d'assistance technique, financière ou comptable, des commissions[138] et honoraires, des intérêts, arrérages et autres produits des obligations, créances, dépôts et cautionnements est limitée à 5 % du bénéfice imposable avant déduction de ceux-ci. Cette limitation s'applique principalement quand le prestataire, bénéficiaire des sommes versées, n'est pas résident d'un pays ayant signé une Convention fiscale avec le Gabon. En revanche, dans la situation où le prestataire, bénéficiaire des sommes versées, est résident d'un pays ayant signé une Convention fiscale avec le Gabon, ce plafond ne s'applique pas. Il reste cependant indispensable de démontrer l'effectivité de la prestation et le caractère de pleine concurrence des prix appliqués.

2.4.5 Risques et sanctions en matière pénale

Dans l'hypothèse où le contrôle au fond de la documentation et de la comptabilité générale établit que le contribuable s'est rendu coupable de certains des faits énoncés aux articles P-1024 et P-1025 du CGI, notamment pour ce qui est des prix de transfert :

---

[138] Pour les commissions, la partie considérée comme déductible doit également obéir à la conditionnalité d'avoir été régulièrement portée sur la déclaration annuelle des salaires et honoraires (DAS), et ce, en référence aux exigences de l'article 189 du CGI.

- Se soustraire frauduleusement ou tenter de se soustraire frauduleusement à l'établissement, au paiement, au reversement total ou partiel des impôts, droits et taxes visés dans le Code général des impôts,
- Dissimuler une part des sommes sujettes à l'impôt,
- Omettre de comptabiliser ou de faire enregistrer des écritures ou faire saisir des écritures inexactes ou fictives, dans les livres journal et d'inventaire prévus par les actes uniformes OHADA ou dans les documents qui en tiennent lieu, ainsi que toute personne qui est convaincue d'avoir établi ou aidé à établir de faux bilans,
- Etc.

Les peines encourues sont l'emprisonnement pour une durée allant de quinze jours à un an et une amende de 500 000 à 5 000 000 FCFA ou de l'une de ces deux peines. Ces peines sont applicables personnellement aux présidents, directeurs généraux, directeurs, gérants et, en général, à toute personne ayant qualité pour représenter la société s'il est établi qu'elle a participé en tant qu'auteur ou coauteur des actes frauduleux. En outre, l'article P-1030 du CGI énonce que le Tribunal correctionnel peut, à titre de peine complémentaire, interdire temporairement, pendant une période n'excédant pas 5 ans, le droit d'exercer, directement ou par personne interposée, pour son compte ou pour le compte d'autrui, toute profession industrielle, commerciale ou libérale.

Au demeurant, il convient de noter que certains sujets peuvent nécessiter d'être considérés par l'administration fiscale pour permettre aux contribuables de se mettre en conformité dans des conditions appropriées. Il peut s'agir notamment de :

- la mise en place effective d'une plateforme dématérialisée pour le téléversement des déclarations des prix de transfert ;
- la communication d'instructions relatives à la soumission des demandes d'accords préalables sur les prix de transfert ;

- la publication de la liste des territoires non coopératifs ou des pays établis comme fiscalement « inamicaux » ;
- la mise en place et la publication d'une doctrine administrative en matière du contrôle des prix de transfert ;
- au regard du retrait des précisions relatives aux opérations réalisées en l'existence d'une convention fiscale, la clarification des dispositions de l'article 11.I.1.f sur la limite de déductibilité des frais généraux de siège pour la part incombant aux opérations faites au Gabon, des frais d'études, des frais d'assistance technique, financière ou comptable, des commissions et des honoraires, des intérêts, des arrérages et des autres produits des obligations, des créances, des dépôts et cautionnements, rendus aux entreprises gabonaises par les personnes physiques ou morales étrangères d'une part et de l'utilisation des brevets, licences, marques, dessins, procédés de fabrication, modèles et droits analogues d'autre part ;
- la publication de l'instruction administrative fixant dans le détail les limites, ainsi que les modalités de déduction forfaitaire de sommes versées sur les transactions ci-dessus énumérées, en fonction du secteur d'activité correspondant ;
- la publication de l'instruction fiscale précisant les conditions et modalités de déduction des sommes versées dans les frais de recherche fondamentale ;
- étudier l'opportunité de la mise en place d'une procédure simplifiée ouverte aux PME ;
- étudier l'opportunité de préciser distinctement les attentes de la DGI en matière déclarative, en cas d'absence de flux intragroupes transfrontaliers ;

- étudier l'opportunité de déterminer des seuils à partir desquels les flux intragroupes doivent faire l'objet d'une déclaration[139].

Au surplus, au vu des dernières actualités, il serait pertinent que les futures dispositions fiscales gabonaises en matière de prix de transfert considèrent les problématiques relatives :

- aux situations d'entreprises bénéficiant d'aides d'État au regard de l'application du principe de pleine concurrence ;

- aux travaux en cours au niveau du G20/OCDE sur la fiscalité numérique ;

- à la réforme en cours de la Convention multilatérale concernant l'assistance administrative mutuelle en matière fiscale à laquelle le Gabon a adhéré en juillet 2014.

---

[139] Il est possible de souligner pour le cas de la France que la déclaration des prix de transfert concerne les sociétés, établies en France, qui :
– réalisent un chiffre d'affaires annuel hors taxes ou disposent d'un actif brut au bilan supérieur ou égal à 50 M€ ;
– ou détiennent à la clôture de l'exercice, directement ou non, plus de 50 % du capital ou des droits de vote d'une entreprise remplissant la condition financière précitée ;
– ou sont détenues, de la même façon, par une telle entreprise ;
– ou appartiennent à un groupe fiscal intégré dont au moins une société satisfait à l'un des trois cas précédents.
En revanche, les entreprises qui ne réalisent aucune transaction avec des entités liées du groupe ou dont le montant de ces transactions n'excède pas 100 000 € (ou 65 595 700 francs CFA) par nature de flux (ventes, prestations de services, commissions…) sont dispensées de déclaration.

Annexes

Check-list d'aide à la préparation du *Master file*

Check-list d'aide à la préparation du *Country file*

Éléments du lexique de base en matière de prix de transfert

Annexe 1 : Check-list d'aide à la préparation du Master file

Partie 1 – Présentation de la structure organisationnelle	
Nature des informations à fournir	**Oui/Non/ Non applicable/ Commentaire**
Une présentation succincte du groupe et de la nature de ses opérations, son actionnaire historique, etc. ;	
Un historique de la formation du groupe (les principales dates, les regroupements d'entreprises intervenus, les acquisitions, les changements d'orientation stratégique, etc.) ;	
Un organigramme juridique faisant distinctement apparaître les taux de participation (directs, indirects, croisés) entre les entités composant le groupe (voir schéma indicatif ci-dessous).	
Partie 2 – Description du (des) domaine(s) d'activité du groupe multinational	
Nature des informations à fournir	**Oui/Non/ Non applicable/ Commentaire**
Les sources importantes de bénéfices de l'entreprise.	
Une description de la chaîne d'approvisionnement des cinq principaux biens et/ou services offerts par le groupe (classés en fonction du chiffre d'affaires) ainsi que de tout autre bien et/ou service représentant plus de 5 pour cent du chiffre d'affaires du groupe.	
Une liste et une brève description des accords importants de prestation de services entre membres du groupe multinational, autres que les services de recherche-développement (R&D), incluant une description des capacités des principaux sites fournissant des services importants et des politiques appliquées en matière de prix de transfert pour répartir les coûts des services et déterminer les prix facturés pour les services intragroupes.	

Partie 2 – Description du (des) domaine(s) d'activité du groupe multinational (suite)	
Une description des principaux marchés géographiques pour les biens et services du groupe produits par le groupe.	
Une brève analyse fonctionnelle écrite décrivant les principales contributions des différentes entités du groupe à la création de valeur, c'est-à-dire les fonctions clés exercées, les risques importants assumés et les actifs importants utilisés.	
Une description des opérations importantes de réorganisation d'entreprise ainsi que d'acquisition et de cession d'actifs intervenant au cours de l'exercice fiscal.	

Partie 3 – Actifs incorporels du groupe multinational	
Nature des informations à fournir	**Oui/Non/ Non applicable/ Commentaire**
Une description générale de la stratégie globale du groupe multinational en matière de mise au point, de propriété et d'exploitation des actifs incorporels, notamment la localisation des principales installations de R&D et celle de la direction des activités de R&D.	
Une liste des actifs incorporels ou des catégories d'actifs incorporels du groupe multinational qui sont importants pour l'établissement des prix de transfert, ainsi que des entités qui en sont légalement propriétaires.	
Une liste des accords importants entre entreprises associées identifiées relatifs aux actifs incorporels, y compris les accords de répartition des coûts, les principaux accords de services de recherche et les accords de licence.	
Une description générale des politiques du groupe en matière de prix de transfert relatives à la R&D et aux actifs incorporels.	
Une description générale des éventuels transferts importants de parts d'actifs incorporels entre entreprises associées au cours de l'exercice fiscal considéré, mentionnant les entités, les pays et les rémunérations correspondantes.	

Partie 4 – Activités financières interentreprises du groupe multinational	
Nature des informations à fournir	**Oui/Non/ Non applicable/ Commentaire**
La description générale de la façon dont le groupe est financé, y compris des accords de financement importants conclus avec des prêteurs indépendants du groupe multinational.	
L'identification de tous les membres du groupe multinational exerçant une fonction centrale de financement pour le groupe, y compris du pays de constitution des entités considérées et de leur siège de direction effective.	
Une description générale des politiques du groupe multinational en matière de prix de transfert relatives aux accords de financement entre entreprises associées.	
Partie 5 – Situations financière et fiscale du groupe multinational	
Nature des informations à fournir	**Oui/Non/ Non applicable/ Commentaire**
Les états financiers consolidés annuels du groupe multinational pour l'exercice fiscal considéré contrôlé ;	
Une liste complétée par une description brève des accords préalables en matière de prix de transfert (APP) unilatéraux conclus par le groupe ;	
Une liste complétée par une description brève des autres décisions des autorités fiscales concernant la répartition des bénéfices entre pays.	

Annexe 2 : Check-list d'aide à la préparation du *Country file*

Présentation de l'entité et de ses opérations	
Informations à fournir	**Oui/Non/ Non applicable/ Commentaire**
Une description de la structure de gestion de l'entité locale, un organigramme local et une description des personnes auxquelles l'encadrement local rend des comptes et du (des) pays dans lequel (lesquels) se trouve l'établissement principal de ces personnes.	
Une description précise des activités effectuées et de la stratégie d'entreprise mise en œuvre par l'entité locale, indiquant notamment si cette entité locale a été impliquée dans ou affectée par des réorganisations d'entreprises ou des transferts d'actifs incorporels pendant l'année en cours ou la précédente, et expliquant quels sont les aspects de ces transactions qui affectent l'entité locale.	
Fournir une liste des principaux concurrents de la société.	
Transactions contrôlées et démonstration du caractère de pleine concurrence des flux intragroupes déclarés	
Informations à fournir	**Oui/Non/ Non applicable/ Commentaire**
Une description des transactions contrôlées importantes (telles que l'achat de services de fabrication, l'acquisition de biens, la fourniture de services, les prêts, les garanties financières et garanties de bonne exécution, la concession de licences portant sur des actifs incorporels, etc.) et du contexte dans lequel se déroulent ces transactions.	
Une identification des entreprises associées impliquées dans chaque catégorie de transactions contrôlées et des relations qu'elles entretiennent.	

Informations à fournir (suite)	**Oui/Non/ Non applicable/ Commentaire**
Une copie de tous les accords interentreprises importants conclus par l'entité locale.	
Les montants des paiements et recettes intragroupes pour chaque catégorie de transactions contrôlées impliquant l'entité locale (c'est-à-dire des paiements et recettes correspondant à des biens, des services, des redevances, des intérêts, etc.) ventilés en fonction de la juridiction fiscale du payeur ou du bénéficiaire étranger.	
Une analyse de comparabilité et une analyse fonctionnelle détaillées du contribuable et des entreprises associées pertinentes pour chaque catégorie de transactions contrôlées évoquée dans la documentation, y compris les éventuels changements par rapport aux années précédentes.	
Une indication de la méthode de détermination des prix de transfert la plus adaptée au regard de la catégorie de transactions considérée et des raisons pour lesquelles cette méthode a été choisie.	
Une indication de l'entreprise associée choisie comme partie testée, le cas échéant, et une explication des raisons de cette sélection.	
Une synthèse des hypothèses importantes qui ont été posées pour appliquer la méthode de fixation des prix de transfert retenue.	
Le cas échéant, une explication des raisons pour lesquelles une analyse pluriannuelle a été réalisée.	
Une liste et une description de certaines transactions comparables sur le marché libre (internes ou externes), le cas échéant, et des informations sur les indicateurs financiers pertinents relatifs à des entreprises indépendantes, utilisés dans le cadre de l'analyse des prix de transfert, y compris une description de la méthode de recherche de données comparables et de la source de ces informations.	

Informations à fournir (suite)	
Une description des éventuels ajustements de comparabilité effectués, étant entendu qu'il conviendra d'indiquer si ces ajustements ont été apportés aux résultats de la partie testée, aux transactions comparables sur le marché libre, ou aux deux.	
Une description des raisons pour lesquelles il a été conclu que les prix des transactions considérées avaient été établis conformément au principe de pleine concurrence via l'application de la méthode de détermination des prix de transfert retenue.	
Une synthèse des informations financières utilisées pour appliquer la méthode de détermination des prix de transfert.	
Une copie des accords de fixation préalable de prix de transfert (APP) unilatéraux, bilatéraux et multilatéraux existants ainsi que des autres décisions des autorités fiscales auxquelles la juridiction fiscale locale n'est pas partie, et qui sont liées à des transactions contrôlées décrites plus haut.	
Informations financières	
Informations à fournir	**Oui/Non/ Non applicable/ Commentaire**
Les comptes financiers annuels de l'entité locale pour l'exercice fiscal considéré. S'il existe des états financiers vérifiés, ils doivent être fournis et, dans le cas contraire, il conviendra de fournir les états financiers non vérifiés existants.	
Des informations et des tableaux de répartition montrant comment les données financières utilisées pour appliquer la méthode de détermination des prix de transfert peuvent être reliées aux états financiers annuels.	
Tableaux synthétiques des données financières se rapportant aux comparables utilisés dans le cadre de l'analyse et des sources dont sont tirées ces données.	

Annexe 3 : Quelques éléments du lexique de base en matière de prix de transfert

Manipuler la matière des prix de transfert peut nécessiter de maîtriser, sinon d'avoir une connaissance suffisante des concepts essentiels qui la compose. C'est dans ce but que cette partie a été rajoutée au présent guide. Ainsi, comprend-elle des définitions légales, des propositions de définitions, des reformulations de définitions susceptibles d'outiller tout utilisateur, notamment non spécialiste, du présent ouvrage.

Ajustement corrélatif : Diminution des bases d'imposition ou de l'impôt dû par une entreprise associée établie dans un État, pour tenir compte d'un rehaussement effectué par l'administration fiscale de l'autre État concernant une autre entreprise associée, et qui permet d'éliminer la double imposition.

Analyse fonctionnelle : L'analyse fonctionnelle consiste pour l'entreprise à s'interroger sur sa place et son rôle économique au sein du groupe, et à recenser les fonctions exercées, les risques courus, les actifs corporels et incorporels ainsi que les moyens utilisés.

Brevet : Pour l'INSEE, le brevet protège une innovation technique, c'est-à-dire un produit ou un procédé qui apporte une solution technique à un problème technique donné. L'invention pour laquelle un brevet pourra être obtenu doit également être nouvelle, impliquer une activité inventive et être susceptible d'application industrielle. De nombreuses innovations peuvent faire l'objet d'un dépôt de brevet, à condition de répondre aux critères de brevetabilité et de ne pas être expressément exclues de la protection par la loi. Certaines inventions ne sont pas brevetables mais peuvent faire l'objet d'autres types de protection, comme le droit d'auteur ou le dépôt de dessins et modèles.

Comparable externe : Transaction effectuée entre deux entreprises indépendantes et qui est comparée à une transaction analogue sur un bien ou un service similaire effectuée entre entreprises d'un même groupe.

Comparable interne : Transaction effectuée par une entreprise appartenant à un groupe (l'entreprise concernée ou une autre entreprise du groupe) avec une entreprise indépendante et qui est comparée à une transaction analogue sur un bien ou un service identique ou similaire effectuée avec une entreprise liée.

Dépendance de fait : On parle de dépendance de fait si l'entreprise étrangère exerce sur une autre (ou inversement) directement ou indirectement un réel pouvoir de décision, notamment la capacité à imposer des conditions économiques.

Dépendance juridique : Il y a dépendance juridique lorsqu'une entreprise possède directement ou indirectement une part prépondérante dans le capital d'une autre entreprise ou la majorité absolue des droits de vote dans les assemblées d'actionnaires ou d'associés.

Distributeur : Agent économique dont le rôle principal est d'acheter des marchandises auprès d'un producteur ou d'un autre distributeur et de les revendre sur un marché.

Entrepreneur : L'entrepreneur est la société du groupe qui, en général, détient les actifs incorporels les plus significatifs, supporte des risques les plus critiques et exerce une fonction d'autorité sur les autres entreprises du groupe. En contrepartie de la prise de risques, il a vocation à bénéficier d'une partie importante de la marge consolidée.

Entreprise indépendante : Une entreprise indépendante est celle qui ne contrôle pas d'entreprise (en droit ou en fait) et qui n'est pas elle-même contrôlée par une autre entreprise.

Fonction : Subdivision des activités d'une entreprise en un ou plusieurs ensembles d'actions qui concourent à un même but : l'approvisionnement, la production, la distribution, l'administration générale.

Groupe : Ensemble d'entreprises entretenant des liens de dépendance juridique (directs ou indirects) ou de fait. Il comprend une société mère, des filiales, des sociétés sœurs, des entreprises ayant des intérêts communs fortement imbriqués.

Guide OCDE : Rapport publié en 1995 par l'OCDE et intitulé « Principes applicables en matière de prix de transfert à l'intention des entreprises multinationales et des administrations fiscales ».

Marché libre : Marché au travers duquel les transactions (prix, quantités) entre acheteurs et vendeurs sont déterminées seulement par leur consentement mutuel.

Intervalle de pleine concurrence : Fourchette de prix acceptable pour définir si les conditions d'une transaction entre entreprises liées sont de pleine concurrence.

Marge brute ou commerciale : Différence entre le prix de vente et le prix d'achat d'une marchandise ou d'un bien (hors coûts indirects).

Marge consolidée : Marge globale réalisée par les entreprises d'un même groupe pour l'ensemble des opérations ou des fonctions exercées.

Marge nette : Différence entre le prix de vente d'une marchandise, d'un bien ou d'un service et l'ensemble des coûts (ensemble des charges qui concourent à l'élaboration du produit considéré).

Marque : Selon l'INSEE, au sens de la propriété industrielle, la marque est un « signe » permettant de distinguer précisément les produits ou prestations de services d'une entreprise de ceux de ses concurrents. Le signe peut être un mot, un nom, un slogan, un logo, un dessin, etc. ou la combinaison de ces différents éléments. En déposant/protégeant sa marque, le déposant obtient un monopole d'exploitation sur le territoire donné. Il est ainsi le seul à pouvoir l'utiliser et peut se défendre en poursuivant en justice toute personne qui, notamment, imiterait ou utiliserait aussi sa marque.

Médiane : La médiane constitue le chiffre en dessous et au-dessus duquel sont réparties 50 % des entreprises de l'échantillon sélectionné.

Méthodes de prix de transfert : Méthodologie de calcul des prix des transactions réalisées entre des sociétés liées.

Panel de comparables : Ensemble d'entreprises retenues à titre de comparaison.

Prestataire de services : Réalisation par une entreprise d'une tâche qu'une autre entreprise du même groupe ne veut pas ou ne peut pas faire en interne.

Prix de pleine concurrence ou prix de marché : Principe selon lequel, dans une transaction comparable, le prix pratiqué entre des entreprises dépendantes doit être le même que celui qui est constaté sur le marché entre deux entreprises indépendantes.

Prix de transfert : Tout flux intragroupe et transfrontalier (achat et vente de biens, de services, redevances, intérêts, garantie, honoraires, cession ou concession de biens incorporels tels que les marques, brevets, savoir-faire), refacturation de coûts…

Procédure amiable : Procédure entre États pour la résolution des différends concernant l'application des conventions fiscales internationales pour éviter la double imposition.

Producteur : Agent économique qui fabrique ou produit un ensemble de biens et de services.

Recherche & développement : Aux termes du « *Dico de l'éco* » du ministère français de l'Économie, la fonction Recherche & Développement regroupe l'ensemble des processus qui, partant de la recherche fondamentale ou d'une invention, assurent sa faisabilité industrielle. Il s'agit donc de l'ensemble des étapes permettant de passer du laboratoire de recherche à la production industrielle en usine. La fonction Recherche & Développement développe donc des innovations, qui sont les applications industrielles et commerciales d'une découverte ou d'une invention.

Redevance : Somme due au propriétaire d'un droit ou d'un actif incorporel en contrepartie d'un droit d'utilisation.

Régime fiscal privilégié : Impôt sur les bénéfices ou sur les revenus dont le montant est inférieur de plus de la moitié à celui de l'impôt sur les bénéfices ou sur les revenus dû dans les conditions de droit commun en France.

Routinier : Entité qui, du fait de son profil fonctionnel, est réputée exercer les fonctions les moins complexes, supporter un niveau très limité de risques, investir le moins ses actifs dans la chaîne de valeur de la transaction contrôlée.

Sous-traitance : Opération par laquelle une entreprise confie à une autre, tout en conservant la responsabilité, le soin d'exécuter pour elle une partie des actes de production et de services selon un cahier des charges préétabli.

Transaction : Opération économique effectuée entre deux entreprises.

Table des matières

Structures éditoriales du groupe L'Harmattan

L'Harmattan Italie
Via degli Artisti, 15
10124 Torino
harmattan.italia@gmail.com

L'Harmattan Hongrie
Kossuth l. u. 14-16.
1053 Budapest
harmattan@harmattan.hu

L'Harmattan Sénégal
10 VDN en face Mermoz
BP 45034 Dakar-Fann
senharmattan@gmail.com

L'Harmattan Cameroun
TSINGA/FECAFOOT
BP 11486 Yaoundé
inkoukam@gmail.com

L'Harmattan Burkina Faso
Achille Somé – tengnule@hotmail.fr

L'Harmattan Guinée
Almamya, rue KA 028 OKB Agency
BP 3470 Conakry
harmattanguinee@yahoo.fr

L'Harmattan RDC
185, avenue Nyangwe
Commune de Lingwala – Kinshasa
matangilamusadila@yahoo.fr

L'Harmattan Congo
219, avenue Nelson Mandela
BP 2874 Brazzaville
harmattan.congo@yahoo.fr

L'Harmattan Mali
ACI 2000 - Immeuble Mgr Jean Marie Cisse
Bureau 10
BP 145 Bamako-Mali
mali@harmattan.fr

L'Harmattan Togo
Djidjole – Lomé
Maison Amela
face EPP BATOME
ddamela@aol.com

L'Harmattan Côte d'Ivoire
Résidence Karl – Cité des Arts
Abidjan-Cocody
03 BP 1588 Abidjan
espace_harmattan.ci@hotmail.fr

Nos librairies en France

Librairie internationale
16, rue des Écoles
75005 Paris
librairie.internationale@harmattan.fr
01 40 46 79 11
www.librairieharmattan.com

Librairie des savoirs
21, rue des Écoles
75005 Paris
librairie.sh@harmattan.fr
01 46 34 13 71
www.librairieharmattansh.com

Librairie Le Lucernaire
53, rue Notre-Dame-des-Champs
75006 Paris
librairie@lucernaire.fr
01 42 22 67 13

www.ingramcontent.com/pod-product-compliance
Lightning Source LLC
LaVergne TN
LVHW011024061026
849535LV00006B/2039

* 9 7 8 2 3 3 6 4 2 7 5 0 8 *